数学世界探险记

上帝创造的语言

刘修博 编译

哈尔滨工业大学出版社
HARBIN INSTITUTE OF TECHNOLOGY PRESS

图书在版编目(CIP)数据

上帝创造的语言//刘修博编译. —哈尔滨:哈尔滨工业大学出版社,2012.4(2013.7重印)

(数学世界探险记)

ISBN 978-7-5603-2892-8

Ⅰ.①上… Ⅱ.①刘… Ⅲ.①数学-少年读物 Ⅳ.①O1-49

中国版本图书馆 CIP 数据核字(2012)第 265281 号

策划编辑　甄淼淼　刘培杰

责任编辑　刘　瑶

出版发行　哈尔滨工业大学出版社

社　　址　哈尔滨市南岗区复华四道街10号　邮编150006

传　　真　0451-86414749

网　　址　http://hitpress.hit.edu.cn

印　　刷　哈尔滨市工大节能印刷厂

开　　本　787mm×1092mm　1/16　印张 7.75　字数 122 千字

版　　次　2012 年 4 月第 1 版　2013 年 7 月第 3 次印刷

书　　号　ISBN 978-7-5603-2892-8

定　　价　198.00 元(套)

(如因印装质量问题影响阅读,我社负责调换)

编 者 的 话

我曾在中国生活到大学毕业，中学毕业于一所省级重点中学，数学一直是我的一个弱项，尽管后来我考入了西南交通大学，但数学一直困扰着我，回想起近20年学习数学的经历，我现在才认识到是小学时没能激发起学习数学的兴趣，当时的小学课本及"文化大革命"后期的数学老师讲解过于枯燥。

大学毕业后，我到了日本，发现日本有许多数学课外书编的很生动、有趣，而且图文并茂，我的小孩很爱读。

新闻业有一句听上去很绝望的格言，叫做"给我一个故事，看在上帝的份上，把它讲得有趣些"这句话其实更应对数学界说。近年来，我成立了翻译公司便着手开始编译了这套适合中、日儿童的少年科普图书。

这套丛书共由十册组成。

第一册　　有趣的四则运算。
第二册　　各种各样的单位。
第三册　　恼人的小数分数。
第四册　　稀奇古怪的单位。
第五册　　有关图形的游戏。
第六册　　神奇莫测的箱子。
第七册　　隐藏起来的数字。
第八册　　妙趣横生的集合。
第九册　　上帝创造的语言。
第十册　　超常智力的测验。

这套书的读者对象是少年儿童，所以选择以探险为故事情节。

有人说儿童总是显得比成年人勇敢，恰似小型犬总是比大型犬显得勇敢，可是宠物专家说，那不是勇敢，只是容易激动。儿童比成人有好奇心，就让这难得的好奇心带着儿童走进数学的殿堂。

刘修博

2013年1月于日本

上帝创造的语言

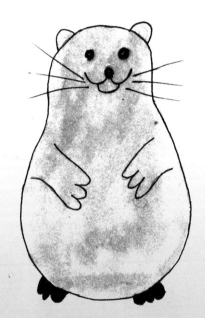

  是我最先发现了这个山洞。这是隐蔽在丛林中的一个古怪的山洞。

  不管怎么说，这也得算是我的一个新发现。我已经把这个新发现告诉给探险队的队员们了。并且告诉他们，如果钻过这个山洞，那么就会在洞的那面遇见几位数的魔术师。看来，我们今后的探险会很有乐趣。大家一定能和数的魔术师一起，对数的性质作一番研究，从而进一步探索到数的奥秘。

洞的那面是数的王国

大家爬进嘟嘟发现的山洞。洞里又黑又狭窄。喜鹊安德列和好冒险的萨沙打头，胖噜噜迈着小步紧紧地跟在后面。由于洞很狭窄，所以大块头总是显得有些吃不消的样子。开心博士也来了。只是不知道小黑怪哪里去了。估计它也一定能随大家一起来的。走了一会，前面突然亮了，眼前出现了洞口。大家刚出洞口，就看见一个摆弄数的魔术师在那里高声地说着什么。

喂!看看这个用算式堆成的金字塔吧!其中,每个算式的答案都是用1排列而成的。这里有什么奥秘吗?对此,还是慢慢地思考吧!如果知道了数的性质,那么,这个奥秘就轻而易举地被掌握了。还是翻过让人难以捉摸的这一页吧!请你计算9×123 456 789+10好吗?这是很有意思的。

$$9 \times 1 + 2 = 11$$

$$9 \times 12 + 3 = 111$$

$$9 \times 123 + 4 = 1\,111$$

$$9 \times 1\,234 + 5 = 11\,111$$

$$9 \times 12\,345 + 6 = 111\,111$$

$$9 \times 123\,456 + 7 = 1\,111\,111$$

$$9 \times 1\,234\,567 + 8 = 11\,111\,111$$

$$9 \times 12\,345\,678 + 9 = 111\,111\,111$$

$$9 \times 123\,456\,789 + 10 = ?$$

算完了吧!请写出它的答案。这道题和前面的题相比较,题目中的数字也是按一定规律排列的。它的答案同样让人吃惊,也是用1排列出来的。

魔术师 怎么样?掌握规律了吗?埃及的金字塔到现在还不知道是怎么建成的。这个由个数逐渐增加的9和7相乘而建成的金字塔,你也同样会感到不可思议吧?

有规律的数

嘟 嘟 这样的算术,我很喜欢!
(爱睡觉的嘟嘟,眼睛里闪着光,激动地喊起来。)

$9 \times 7 = 63$
$99 \times 77 = 7\ 623$
$999 \times 777 = 776\ 223$
$9\ 999 \times 7\ 777 = 77\ 762\ 223$
$99\ 999 \times 77\ 777 = 7\ 777\ 622\ 223$
$999\ 999 \times 777\ 777 = 777\ 776\ 222\ 223$

米丽娅 真是不可思议。

魔术师 不要只是一个劲儿地观察这个式子,你们亲自动手一个一个地计算一下吧!

(米丽娅、萨沙和罗伯特开始在笔记本上计算了,你也做做看。)

萨 沙 我从99 999×77 777所得答案中看不出什么规律。

魔术师 对这里的99 999×77 777, 999 999×777 777,你们还可以一点一点地去算。如果9和7的个数继续增加,你们能算得过来吗?还是努力地去发现答案的规律吧!

我再出道题:1 234 579×9。注意这里没有8。答案是由9个1排列成的。你能解释吗?

12 345 679×9=111 111 111
12 345 679×18=222 222 222
12 345 679×27=333 333 333
12 345 679×36=444 444 444
12 345 679×45=555 555 555

魔术师　由下列各算式堆成的金字塔是怎么回事呢?你明白吗?

1×1=1
11×111=1 221
111×11 111=1 233 321
1 111×1 111 111=1 234 444 321
11 111×111 111 111=1 234 555 554 321
111 111×11 111 111 111=1 234 566 666 654 321

萨　沙　我们可不能当傻瓜呀!动动脑筋吧!

罗伯特　我来做。这道题的乘数是9。9不是可以写成(10-1)吗?因此,如果把×9换成×(10-1)就简单了吧!

萨　沙　说得对。这样一来,这道题就成为用12 345 679×10减去12 345 679×1了。

$$\begin{array}{r} 123\ 456\ 790 \\ -\ 12\ 345\ 679 \\ \hline 111\ 111\ 111 \end{array}$$

米丽娅　算一下,就是……

罗伯特　这样在计算12 345 679×18时,把原式改为12 345 679×(10-1)×2就可以了……

萨沙　11 111 111 111 111 111×111 111 111,这可是个相当长的计算啊!

(在萨沙的笔记本的一页上净是1,最后一行的答案是1 234 567 899 999 999 987 654 321。)

罗伯特　如果1的个数继续增多,结果会怎样呢?

魔术师做一下便知,

(每位数字都是1的19位数)×(每位数字都是1的10位数)的答案是

12 343 567 901 111 111 110 987 654 321。

那么,(每位数字都是1的21位数)×(每位数字都是1的11位数)的结果又是多少呢?

奇妙的幻方

(魔术师陪同大家去数的王国的国都。在通往国都的道路上到处都画着幻方。所谓幻方,就是下面这种填满数字的图。在这个图中,各行(横)、各列(竖)及两个对角线上各格的数字之和彼此相等。)

萨 沙 也就是说,这25个格里的数字,无论横着相加、竖着相加、还是按对角线相加,其结果都相同。计算得很高明啊!

11	18	25	2	9
10	12	19	21	3
4	6	13	20	22
23	5	7	14	16
17	24	1	8	15

幻方的做法

①在最下行正中央的格里填1。
②在填1的格右边相邻的列的最上行格里填2。
③在填2的格的斜下方格里填3。
④在填3的格下边相邻的行的最左列格里填4。
⑤在填4的格的斜下方格里填5。
⑥在填5的格的正上方相邻的格里填6。
⑦在填6的格的斜下方格里填7。在填7的格的斜下方格里填8。
⑧依上述规律，参看下图，填满所有空格。

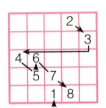

幻方的秘密

13×5=65　　　　　　5×3=15

魔术师　难得你们来到数的王国，教给你们做幻方的方法好吗？

萨沙　太好啦！

魔术师　请大家打开笔记本：首先画一个横5行、竖5列的25个方格。

魔术师　来吧。不用看左边的幻方，我们就可以做一个和它完全一样的幻方。先在最下行的正中央的格里填上1，然后按左边的规则顺次地把每个格用数填满。大家不要着急，慢慢地做吧!

萨沙　我会做。按左边的规则去填数字，直到在最上行正中央的格里填上25就算大功告成了。

罗伯特　我发现了有趣的事。

（目不转睛地看着幻方的格子的罗伯特，大声喊叫起来。）

米丽娅　什么事?罗伯特。

罗伯特　由9个格组成的幻方，横竖都是3个格，把正中间那个格里的5(这个5恰好是由1到9的正中间的数)乘上行数3，就有5×3=15。这个数恰好是每一行或每一列或对角线上的各数的和。由25个格组成的幻方，横竖都是5格。把正中间那个格里的13（这个13恰好是由1到25的正中间的数)乘上行数5，就有13×5=65。这个数恰好是每一行或每一列或每一对角线上各个数的和。

米丽娅　确实如此。这样，不用很麻烦地去加，每一行或每一列或每一对角线的各自数字和就知道了。

魔术师　是这样。幻方的秘密被你们揭开了，你们想得很巧妙啊！

做一个49格的幻方

萨　沙　我以前总觉得幻方很神秘。

米丽娅　是这样。我以前对幻方也感到很惊奇。

魔术师　哈哈。实际上,可以做出各种各样的幻方。那么,现在请用刚才教给你们的方法,做一个各行各列都是7个格,一共是49格的幻方吧!

左图是49个格幻方的答案。

22	31	40	49	2	11	20
21	23	32	41	43	3	12
13	15	24	33	42	44	4
5	14	16	25	34	36	45
46	6	8	17	26	35	37
38	47	7	9	18	27	29
30	39	48	1	10	19	28

镶边的幻方

魔术师 这是一个由外向里逐次去掉边框，剩下的仍然成为幻方的镶边幻方。

萨 沙 好家伙，好吓人啊！还有别的幻方吗？

2	11	12	13	77	78	79	81	16
6	18	27	26	61	62	65	28	76
7	59	30	35	51	53	36	23	75
8	58	32	38	45	40	50	24	74
73	57	49	43	41	39	33	25	9
72	22	48	42	37	44	34	60	10
68	19	46	47	31	29	52	63	14
67	54	55	56	21	20	17	64	15
66	71	70	69	5	4	3	1	80

拼凑的幻方

魔术师 这是一个用9个由9个格组成的幻方拼凑而成的幻方。也就是说，把9个幻方拼起来组成一个大幻方。（这个大幻方的每行、每列、每一对角线各自数字的和是369，正中间的格是41乘9，正好是369。）

11	18	13	74	81	76	29	36	31
16	14	12	79	77	56	34	32	30
15	10	17	78	73	80	33	28	35
56	63	58	38	45	40	20	27	22
61	59	57	43	41	39	25	23	21
60	55	62	42	37	44	24	19	26
47	54	49	2	9	4	65	72	67
52	50	48	7	5	3	70	68	66
51	46	53	6	1	8	69	64	71

数学世界探险记

上帝创造的语言
目录

- **自然数** ———————— 12
- 只使用0和1的计算 ———— 16
- 什么是2进法 ——————— 17
- 把10进法改为9进法 ——— 23
- 各种各样的进位法 ———— 24

- **正数、负数** ————— 26
- 负数和欠款 ——————— 27
- 掌握规则，做扑克游戏 — 29
- 开心博士谈正负数 ——— 31
- 负数的减法 ——————— 35
- 正负数的加减混合运算 — 36
- 用+、-表示变化的量 —— 42
- 考虑正负数的乘法 ——— 44
- 倒数的队列 ——————— 50
- 正负数的除法 —————— 51
- 方程组 ————————— 54
- 谈谈负数 ———————— 56

- **约数和倍数** ————— 58
- 求最大公约数 —————— 59
- 辗转相除法 ——————— 60
- 三个数的最大公约数 —— 61
- 开心博士的讲演 ———— 65

质数------66
　第一幕　什么是质数------67
　第二幕　12和53的差异------70
　第三幕　寻找质数的方法------71
　第四幕　做质因数分解------76
　第五幕　最大公约数、最小公倍数的求法------78

去年的今天是星期几?------81
　把细绳缠在七棱柱上------83
　高岗地区的路线图------86
　发明了同余式的高斯------87
　哪个数能被9整除------89
　惊人的乘法检验法------91

小数和分数------94
　循环小数------96
　化小数为分数------97
　化循环小数为分数------98
　什么数的二次方等于2?------100
　无理数------102
　圆周率也是无理数------104

数的王国的博物馆------106
　古代埃及的数字------107
　记在黏土上的数字------108
　数字的历史很悠久------109
　0曾被认为是魔法的标志------110
　动物会数数吗?------112
　在数的大河里游泳------114
　答案------116

数学世界探险记

米丽娅　天气晴朗，心情格外舒畅。
（头上是蓝蓝的天，阳光灿烂，光芒耀眼。这里好像是数的王国的郊外。）

米丽娅　哎呀！那是什么？

（不知从哪里出来一群蜿蜒爬行的蚂蚁。在它们进入洞口的地方，小个子魔术师在一张很大的纸上写着什么。）

（做么呢？走近一看，原来魔术师在纸上把蚂蚁一只一只没完没了地往一起加。）

嘟 嘟 哼，这个人真笨。如果这样加下去的话，用多长的纸也写不下呀！他一定是不知道除了1还有其他的数。

大块头 在数数这方面咱绝对有优势。如果一个一个地数数，咱迷迷糊糊地数下去也不会出错。

开心博士 哈哈。如果是数数，也许像你大块头自己炫耀的那样。可是这个魔术师可能是在考虑别的什么事情才这样做吧。

胖噜噜 喂，魔术师！你做什么呢？你不是傻瓜吧！

数学世界探险记

魔术师 我不是傻瓜,是自然数的魔术师。如果有人问"筐里有几个苹果?"你看看筐以后回答"有3个"或"有5个"像这样问"有几个",你回答的1,2,3,4,…这样的数叫做自然数。我现在正在研究这个自然数。

米丽娅 自然数?这个词我还是第一次听说呢!

魔术师 我做记录是在研究自然数。你们把我看成傻瓜,那么你们是什么?你们不是也不知道自然数吗?自然数就是像

1=1, 1+1=2, 1+1+1=3, …这样,接连不断加1而得到的数。

米丽娅 自然数是数的基础吧?

魔术师 应该这么说。无论多么高深的高等数学,也得把自然数作为基础。因此,必须牢牢掌握自然数。

萨沙 由于把1一个接一个地加起来所得的数是自然数,所以像0.8啦,3.14啦,都不是自然数。

罗伯特 还有,像 $3\frac{1}{7}$ 啦,$\frac{3}{5}$ 啦,这些是分数,也不是自然数。

魔术师 为了简单易懂,把自然数按同样大小的间隔,排列在一直线上看看吧!

米丽娅 空开的间隔理所当然的应该是1。

魔术师 看一看,自然数中的最小数是几?

嘟 嘟 是0。

魔术师 很遗憾,不对!

米丽娅 是不对呀,嘟嘟!0既不是1也不是把1一个接一个地加起来所得到的数,所以0不是自然数。

嘟 嘟 上当了,真扫兴。

魔术师 自然数中的最小数是1。

那么在自然数中有最大的数吗?最大的自然数是几?

嘟 嘟 好,我来写。

(嘟嘟99999…地写下去,把手都累酸了,还在继续写着9。)

魔术师 不管你写到哪里,只要再加上1,就成为更大的数了吧!

萨沙 取一个无论多么大的数,如果把它加上1,就得到更大的数,因此在自然数中肯定没有最大的数。

魔术师 因为自然数的个数是无限的,所以不可能有最大的数。

嘟嘟 又上当了!看来今天是个不吉利的日子,还是睡个好觉吧!

魔术师 等一等,嘟嘟先生。请你说出自然数中的奇数好吗?

嘟嘟 嗯。1啦,3啦,还有5啦,还有……

(嘟嘟听魔术师叫他嘟嘟先生,就有点不高兴了。他大大咧咧地一个接一个地说着奇数。)

嘟嘟 31啦,33啦……不得了,总也说不完呀!

米丽娅 (嗤嗤地笑)这是当然的啦。因为自然数是无限的,所以奇数也是无限的。

魔术师 嘟嘟,你再说说自然数中的偶数。

嘟嘟 2啦,4啦,6啦……哎呀,偶数也理所当然是无限的呀!呼噜,呼噜……

(嘟嘟又迷迷糊糊地睡着了。)

魔术师 现在,对奇数和偶数做一下归纳。如果一个自然数是2的倍数,那么这个数就叫做偶数;如果不是2的倍数,那么这个数就叫做奇数。

2,4,6,8,…,∞
1,3,5,7,…,∞
∞表示要多大就有多大的数。

即使是像38 463 218这样大的数,判断它是奇数还是偶数也是很简单的。只须看它个位数字能否被2除就行了。因为它的个位数8能被2整除,所以这个数是偶数。

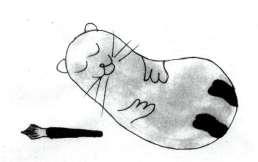

只使用0和1的计算

（小黑怪不知什么时候在旁边听到了方才说的自然数，突然不懂礼貌地大声喊起来。）

小黑怪 9啦、10啦，还有11啦、12啦，归根到底不都是重复使用由0到9这几个数字吗？虽说自然数是数学的基础很重要，但是，我看只要知道由0到9这几个数字就行了。

（魔术师觉得小黑怪说的话很可笑，不容分说，又介绍了一种新奇的数数方法。）

（魔术师把1只蚂蚁记作1，2只蚂蚁记作10，3只蚂蚁记作11，4只蚂蚁记作100。）

萨 沙 这是怎么回事？

小黑怪 喂！别怪我大声喊。即使你用不同的数法也行。可是按这种数法来数数不就乱套了吗？

魔术师 哈哈，哈哈。这不能乱套。

小黑怪 我真讨厌魔术师的这种笑。喂，特伯罗，你考虑考虑吧！

罗伯特 我的名字叫罗伯特，不叫特伯罗。

米丽娅 小黑怪常常使坏心眼，不认真思考问题。罗伯特，说真的，你明白吗？

罗伯特 1就是1，这没问题。可是把2记作10可就不明白了。不过，既然把2记作10，那么，由于3=2+1，因此把3记作11还是对的吧！也就是说10+1=11。

萨 沙 如果这样的话，那么，由于4=2+2，而2+2就是10+10=20。这也不是100呀！

米丽娅 嗯。20是2×10。因为把2记作10，所以4不就是10×10=100了吗？

萨 沙 妙！照这样，5=4+1，而4被记作100，那么，4+1不就成为100+1=101了吗？不是这样吗？

罗伯特 这真是一种不常见的数数方法呀！

什么是2进法

开心博士 方才这种数数的方法叫做2进法,它是把2当作一捆来考虑的进位方法。把10当作一捆的进位方法,你们已经知道了,这种进位方法叫做10进法(10进制)。

(在前一段时间里,一直沉默不语的开心博士,微笑地给探险队的队员们讲解着。)

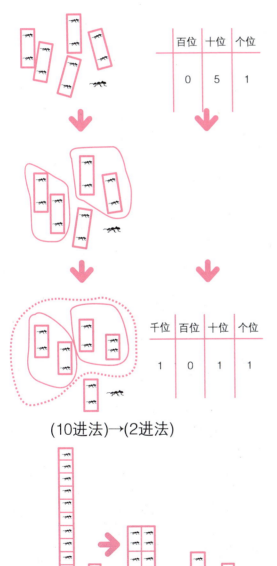

(10进法)→(2进法)

开心博士 比如数玻璃球啦,数蜜橘啦,有2个、4个、6个、8个、10个,这种每次数2个的数法,实际上,你们已经不知不觉地在10进法中应用了2进法的思想。当然,在那里还不能算作真正的2进法。请看下面的问题。

有11只蚂蚁,使用2进法来数。每2只作为1捆,有5捆还余1只。现在,再把每2捆当作一大捆,这样一大捆称为1个2重捆。于是11只蚂蚁就是2个2重捆和1捆零1只。接下来,把2个2重捆再当做一个更大的捆,称为3重捆。11只蚂蚁就是1个3重捆零1捆和1只。这样一来,1重捆就是1捆,是2只,2重捆是4只,3重捆是8只,数更大的数时,进一步有4重捆、5重捆……如果用它来计算,那么10进法中的11,在2进法中就是1011。

用瓷砖来考虑2进法

开心博士 用一般的东西来数数,会摆得很零乱。如果用瓷砖来数数,就会既整齐又容易明白。在10进法中的2块、4块、8块、……32块瓷砖,在2进法中分别是10块、100块、1000块、……、100000块瓷砖。

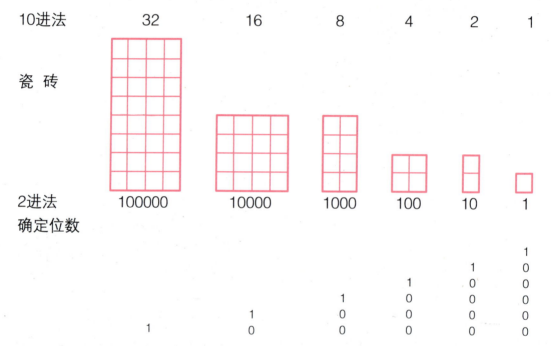

开心博士 刚才已经说了,在10进法中的11只蚂蚁,在2进法中就是1011只。把这个1011用瓷砖表示一下吧!因为在100那个位置上没有瓷砖,所以是0。因此,1011=1000+10+1。

萨沙 哎呀!一用2进法,数的位数好像很多呀!

开心博士 是这样。例如10进法中的247,在2进法中就记作11110111。尽管写出来的位数很多,可是,无论多么大的数,都能用0和1表示出来。这很有趣吧!

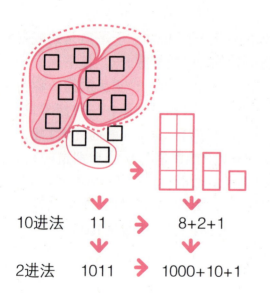

2进法的邮票——知道它的价钱吗？

魔术师 我现在想要邮一封信。可是这是给2进法的城市里的朋友发的信，这就必须用2进法的邮票。请看这张邮票上面写着11001元。

胖噜噜 这可是一封花费很大的信啊！

魔术师 哈哈！请计算一下，它在10进法的城市里合多少钱？

罗伯特 把2进法改为10进法吗？还是用瓷砖来做一下！如果知道

11001=10000+1000+1

的话，就可以用瓷砖来表示了。

萨沙 一摆瓷砖就知道，2进法中的10000+1000+1，在10进法中就是16+8+1，所以，在2进法中的11001元，在10进法中是25元。

11001=10000+1000+1=
　　　$10×10×10×10+10×10×10+1=$
　　　$2×2×2×2+2×2×2+1=$
　　　16+8+1=25

　　　10000　　　1000　　　1

　　　(16)　　　(8)　　　(1)

魔术师 用瓷砖来考虑是很容易明白。不过，把2进法变为10进法有各种各样的方法。再教给你们一个方法：因为2进法的10是10进法的2。所以，如果把2进法中的1000看作10×10×10，那么，在10进法中当然就是2×2×2了。

1.把10进法改为2进法。

15, 12
34, 27
113, 9
81, 68

2.把2进法改为10进法。

111=100+10+1=
　　$10×10+10+1=$
　　$2×2+2+1=$
　　4+2+1=7

1111, 1010, 1000
1111001, 110011
101010, 10000000
10011100, 100011

19

2进法中的计算

魔术师 在2进法中如何进行计算呢?这里给出八种情况。

萨 沙 0+0=0, 0+1=1, …

加法	0 +0 ── 0	0 +1 ── 1	1 +0 ── 1	1 +1 ── 10	乘法	0 ×0 ── 0	0 ×1 ── 0	1 ×0 ── 0	1 ×1 ── 1

这是理所当然的。只是必须注意1+1=10这种情况。

米丽娅 乘法也很简单。

1101 × 10001

```
       1101  →1000+100+1→8+4+1=13
    × 10001  →10000+1→16+1=17
    ──────
       1101
    1101000
    ────────
   11011101    10000000+1000000+10000+
                1000+100+1=10×10×10×
                10×10×10×10+10×10×10×
                10×10×10+10×10×10×10+
                10+10×10×10+10×10×10+1
               →2×2×2×2×2×2×2+2×
                2×2×2×2×2+2×2×
                2×2+2×2×2+2×2+1=
                221
```

```
     13
   × 17
   ────
     91
     13
   ────
    221
```

魔术师 是这样。那么,在2进法中做乘法和除法吧!然后在10进法中再算一算,看看结果怎样。

萨 沙 在2进法中做乘法,积的位数很多呀!

米丽娅 可是这个乘积只用0和1表示,无论怎么说也比较简单。

罗伯特 嗯,这道题在10进法中是13×17。把2进法中的乘积11011101化为10进法,就是221。

米丽娅 这和13×17=221的结果是一样的。

魔术师 这是2进法中的除法运算。

11001 ÷ 1000

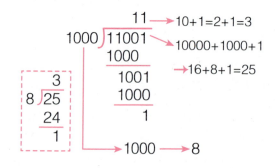

```
           11    →10+1=2+1=3
      ┌──────
  1000│11001    →10000+1000+1
        1000     →16+8+1=25
       ────
        1001
        1000
        ────
           1
  → 1000 → 8
```

```
      3
   ┌────
  8│25
    24
    ──
     1
```

米丽娅 看,这只用0和1的计算,很方便。2进法真让人羡慕啊!

萨 沙 确实很方便。可是要并排写许多0和1,也是一件麻烦事。

罗伯特 我同意你的看法。如果使用机器就方便了吧!

2进法和电子计算机

开心博士 听说过2进法已被应用在电子计算机上了吗?

萨 沙 电子计算机能用2进法进行计算吗?

米丽娅 是这样吗?

开心博士 电子计算机是以简单的计算为基础,从事复杂计算的一种机器。无论多么复杂的计算,它都能快速地,甚至在一瞬间完成。对电子计算机来说,在一瞬间,如果有电流通过就显示1,如果没有电流通过就显示0。这就是所说的电子计算机的语言。

萨 沙 理所当然地应该把1叫做开,把0叫做闭。

开心博士 由于把2进法作为计算机的语言,因此,电子计算机能进行快速计算。

1. 做2进法中的乘法运算,然后再在10进法中算一算。
   ① 111×101　② 1011×1010
   ③ 1100×111101　④ 101010×11110

2. 做2进法中的除法运算,然后再在10进法中算一算。
   ① 3×7　② 5×6　③ 8×2
   ④ 9×1　⑤ 4×0　⑥ 0×0

3. 做10进法中的乘法运算,再把它化为2进法中的运算。
   ① 1111÷11　② 1010÷10
   ③ 1100110÷101　④ 111111÷1001

4. 做10进法中的除法运算,再把它化为2进法中的运算。
   ① 12÷3　② 18÷6　③ 25÷5
   ④ 9÷1　⑤ 24÷2　⑥ 21÷4

打开保险柜

　　魔术师　我告诉你们一个小镇，你们对它一定会感兴趣。从这里一直向前走，转过第三个拐角……

　　(按照魔术师的指点，萨沙他们来到了小镇。镇公所一个人也没有，保险柜旁边有一张被撕开的纸。突然，小黑怪从那边连蹦带跳地过来了。)

　　小黑怪　这是保险柜的密码。

> 右边的刻度盘向右转34，左边的刻度盘向左转107。

　　小黑怪　密码纸在中间被撕开了，可是扭转刻度盘的方法还能弄明白。

　　萨　沙　怎么回事?小黑怪!

　　小黑怪　把右边的刻度盘向右转34，左边的刻度盘向左转107。哎呀!怎么回事?打不开呀!

　　(不知从哪里过来的镇公所的工作人员拍了拍小黑怪的肩膀。)

　　小黑怪　哎呀!吓我一跳。

　　工作人员　你可以随便打开这个保险柜，不过，如果不识破这张被撕开的密码，你就没法把它打开。

　　(真可惜，这个密码是用10进法写的，得把它改成9进法的数字，才能打开保险柜。)

> 把这个10进法中的数改为9进法中的数以后，再转刻度盘。

把10进法改为9进法

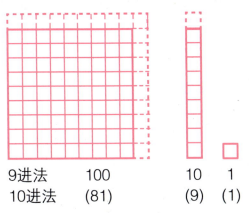

9进法	100	10	1
10进法	(81)	(9)	(1)

罗伯特　哈哈,小黑怪那家伙,又慌忙逃跑了吧!

萨　沙　可是,要把10进法改为9进法可怎么办啊?

米丽娅　像2进法那样,用瓷砖来考虑考虑怎么样?

罗伯特　对,就像左图那样,用瓷砖把数表示出来。

萨　沙　这样一来,把10进法中的34和107换成瓷砖,并设9块为1条,9条为1片就行了!

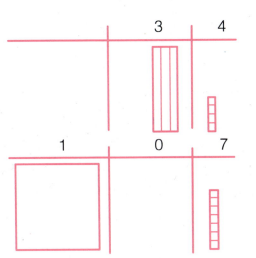
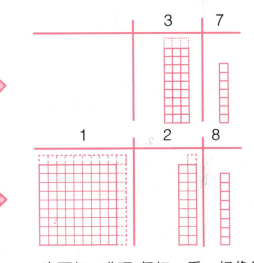

米丽娅　哎呀!仔细一看,好像是用9去除10进法中的数吧。

工作人员　对,就是用9依次除下去,把每次除得的余数记下来,直到不够被9除为止。怎么样?会了吧!从不够再被9除的商开始,接下来把各余数由下往上排列出来,就是9进法中的数了。从左边的计算可以知道,10进法中的34在9进法中是37,10进法中的107在9进法中是128。

各种各样的进位法

罗伯特 真好像变魔术一样。如果用这种方法来考虑，那么对任何进位法都能换算。

工作人员 是这样。那就把10进位中的数换成各种进位法中的数来看看吧!

把124用7进法表示。

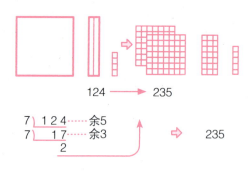

把95用8进法表示。

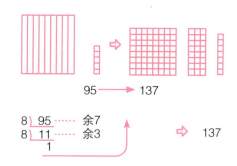

把59用3进法表示。

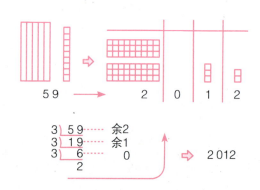

把97用6进法表示。

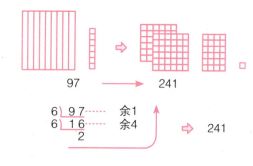

 做做看

1. 把下列10进法中的数，改为9进法的数。

   324　801　2936　999

2. 将10进法中的678，改为下列各种进法中的数。

   2进法　3进法　4进法　5进法　7进法

把各种各样的进位法改为10进法

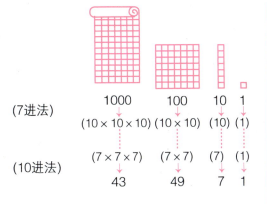

(7进法)　　　1000　　100　　10　　1
　　　　　(10×10×10)(10×10)(10)(1)

(10进法)　　(7×7×7)　(7×7)　(7)　(1)
　　　　　　　43　　　49　　　7　　1

(7进法)　1243＝1×1000＋2×100＋4×10＋3

　　　　　343 ← 1×(7×7×7)
(10进法) 　98 ← 2×(7×7)
　　　　　 28 ←   4×(7)
　　　　　 +3 ←   3
　　　　　472

　　罗伯特　真让人吃惊。我今年13岁，如果用3进法，我就是111岁了。
　　米丽娅　说得对。
　　萨　沙　各种各样的进位法都知道了。可是，怎么把它们改为10进法呢？
　　工作人员　咱们以7进法为例。左图所表示的，就是把7进法改为10进法。
　　罗伯特　可以用把2进法改为10进法的做法那样来考虑。
　　米丽娅　看瓷砖就更容易明白了。
　　工作人员　那么把7进法的1 243改为10进法，应该是多少？
　　罗伯特　与改2进法为10进法相似，先考虑1243＝1000＋2×100＋4×10＋3
　　萨　沙　因为是7进法，所以1000＝7×7×7，100＝7×7，10＝7，以后的计算谁都会做。
　　工作人员　做得很好。请做下面各题。

1. 把下面各种进位法的数改为10进法的数。

　①进法　23　50　234　4212
　②进法　67　85　782　2024
　③进法　23　31　321　1203
　④进法　42　30　123　4231
　⑤进法　21　10　201　1020

2. 据说，在2进法的街上有喜欢吃橘子的人，一天里吃了1 101 001个，那么在10进法中应该是多少个呢？

3. 把下列各数改为10进法的数。
　①3 256(7进法)　②4 231(5进法)

数学世界探险记

正数、负数

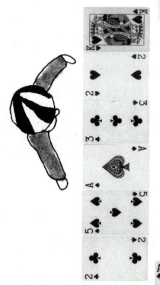

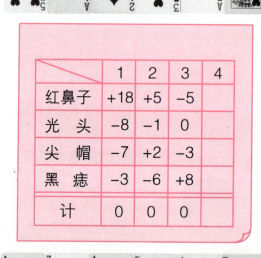

	1	2	3	4
红鼻子	+18	+5	−5	
光 头	−8	−1	0	
尖 帽	−7	+2	−3	
黑 痣	−3	−6	+8	
计	0	0	0	

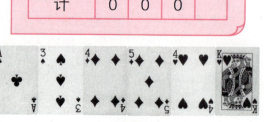

（山丘上有棵大树，在树荫下有四个魔术师正在打扑克。）

米丽娅　他们在玩什么呢？

萨　沙　好像是玩抽坏蛋。

罗伯特　看样子红鼻子魔术师赢了。

萨　沙　光头魔术师一直在输，真窝囊。

米丽娅　从得分上看，光头魔术师的分数前面净是减号，这是怎么回事？

负数和欠款

喜　鹊　我们是到数的王国来旅行的,看到你们好像在做有趣的游戏,教给我们怎么玩好吗?您是怎么取得胜利的?

(取得胜利的红鼻子魔术师一听这么说,感到很高兴。)

红鼻子　哈哈,红牌面上的数字代表手头上有的钱,也就是持款;黑牌面上的数字代表欠人家的钱,也就是欠款;带人的牌既不代表有钱也不代表欠钱,因此,把它看作0。

红鼻子　在用来表示持款的红牌面上的数字前面加个"+"号。例如,红牌上的3就是为"+3",读作"正3"。我们把它叫做正数。在用来表示欠款的黑牌面上的数字前面加个"－"号。例如,黑牌上的5就记为"－5",读作"负5"。我们把它叫做负数。

红鼻子　因为红3和红2都表示持款,所以把它们合起来就是

$$(+3)+(+2)=(+5)$$

可以约定,这个+5就是持款5元。

如果把红4和黑4合起来,由于红4表示4元持款,黑4表示4元欠款,因此,两者相抵了,成为0。

萨　沙　也就是4-4=0,去掉( )也行吧?

红鼻子　如果把黑5和红4合起来,那么由于黑5表示欠款5元,红4表示持款4元,因此有

$$(-5)+(+4)=-1$$

这表明仍有1元欠款。如果黑2和黑3合起来,那么,由于它们都表示欠款,因此,有$(-2)+(-3)=-5$。这表明欠款5元。另外,带人的牌和黑牌或红牌合起来,是$(0)+(\cdots)$。

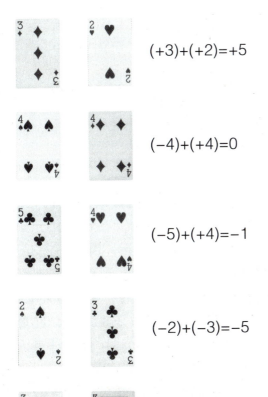

$(+3)+(+2)=+5$

$(-4)+(+4)=0$

$(-5)+(+4)=-1$

$(-2)+(-3)=-5$

$(+3)+(0)=+3$

四个魔术师持款和欠款各多少？

红鼻子

$(+5)+(+1)+(+2)+(+3)+(+1)+(0)=+12$

尖 帽

$(-2)+(-5)+(-1)+(-3)+(+2)+(0)=-9$

黑 痣

$(-1)+(-3)+(+4)+(+5)+(+4)+(0)=+9$

光 头

$(-2)+(+3)+(-4)+(-4)+(-5)+(0)=-12$

米丽娅 看看带尖帽的魔术师的牌吧！(黑2)+(黑5)+(黑1)+(黑3)+(红2)+(0)，也就是(欠款2)+(欠款5)+(欠款1)+(欠款3万)+(持款2)+(0)=(-2)+(-5)+(-1)+(-3)+(+2)+(0)=-9。

尖 帽 对，我一共欠款9元，实在抱歉，不好意思。

光 头 看我的牌吧！一开始时，我的牌面得分是(-2)+(-4)+(-4)+(-5)+(+5)+(0)=-10。正在感到困难的时候，我从黑痣魔术师那里抽来一张(+3)的牌。好啊，在我有10元欠款的时候，得到了3元，用它还上3元欠款，我还欠款7元。现在我又被红鼻子拿走一张(+5)的牌，因为被人拿走5元，使我很窝心。正在这时，红鼻子魔术师命令"停止"，比赛结束，结果我的得分是-12。

嘟 嘟 真有意思，教我们这个游戏的规则吧！

掌握规则，做扑克游戏

★分扑克牌的方法

红鼻子　使用从1到5和画着K的扑克牌就够了。因为一共有黑花、黑桃、红桃、红方4种牌，所以一共是6×4=24张牌。4个人比赛时，按顺序轮番抓牌，每人分得6张。

尖　帽　用扑克做抽坏蛋游戏。左边的人要被右边相邻的人抽取一张牌。首先规定庄家，由他开始抽牌。

★喊停止的时候

黑　痣　如果认为自己持款比别人多时就喊停止，然后大家各自计算表示自己持款和欠款的那些正数和负数。

光　头　抽来自左边的人的一张牌以后，如果认为自己持款最多，就喊停止。在这个时候，喊停止的人手中有7张牌，而他左边的那个人手中只有5张牌。

红鼻子　还有，每人分到6张牌后，如果谁觉得自己手中持款最多，也可以马上喊停止。

★如果喊错停止

光　头　经常有喊错停止的情形。

黑　痣　在你认为持款最多的时候喊停止了。但这时也许别人有比你更多的持款，在这种情况下，要把喊停止的人的所有牌与持款最少的那个人的所有牌进行交换。

罗伯特　这样，本来以为自己是持款最多的，却变成了倒数第一。

★大家持、欠款总金额为0

红鼻子　为了查清在计算每个人持、欠款时是否有错误，还可以把4个人的持、欠款金额加起来。因为在24张牌中，正数是2×(1+2+3+4+5)=30，负数是2×(1+2+3+4+5)=30，那4张带人的牌是0+0+0+0=0。所以，如果计算出来的4个人的持、欠款总金额不是0，那就一定有人计算错了，计算错的人必须把自己的总金额与持款最少的那个人的总金额进行交换。

★大翻个

黑　痣　认为自己欠款最多，也就是认为自己负的最多的时候，也可以喊停止。如果喊对了，大家就把正、负号都翻过来，欠款变为持款，持款变为欠款。

尖　帽　比如，得分为－9的人喊停止，喊对了，也就是他的欠款确实比别人多，那么他欠款9元就变成持款9元。他变成持款最多的人。而原来持款最多的人，变成欠款最多的人。

★打手板

黑　痣　游戏结束时，要打手板，按欠款的多少，依次把手摆起来，由胜利者打手板。

数学世界探险记

米丽娅	+6		
罗伯特	+6		
萨 沙	-6		
嘟 嘟	+18		
合 计	+24		

米丽娅

罗伯特

萨 沙

嘟 嘟

(米丽娅、罗伯特、萨沙和嘟嘟四个人开始做游戏了。喜鹊安德列当裁判员,在周围叭嗒叭嗒来回飞着。

嘟嘟从萨沙手中抽到第3张牌以后,马上喊停止。

这时,四个人的得分合计起来不是0。)

米丽娅 总分是24。这是怎么回事?

萨 沙 谁算错了?

喜 鹊 还有谁,是嘟嘟做了可笑的计算。

红鼻子 哈哈,嘟嘟只加了绝对值。

黑 痣 要好好掌握相反数啊!

(魔术师们一齐嘲笑嘟嘟。嘟嘟很不高兴。)

喜 鹊 嘟嘟计算的不是(-5)+(+2)+(-4)+(+4)+(-3)+(0)+(0)。如果计算的是这个,结果应该是-6。嘟嘟计算的是5+2+4+4+3+0+0,结果得18,这当然就错了。

开心博士谈正负数

第一点 正数和负数

米丽娅 开心博士,魔术师们方才说的绝对值啦,相反数啦,都是什么意思?

开心博士 魔术师们已经使用正数和负数做了持款和欠款的扑克游戏。在研究绝对值和相反数之前,先考虑一下下面的事。所谓负数,是附上"-"号的数,像"负3"啦,"负500"啦,就写作"-3","-500"。和负数相对应,以前一直使用的数叫做正数,为明确表示与负数相对应时,附上"+"号,像"+2","+15","+8 000"等。依次读作"正2","正15","正8 000"等。

罗伯特 0是什么数?

开心博士 0既不是正数也不是负数。因此不用写+0或-0。0是正数和负数的分界点。

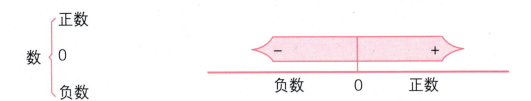

第二点 数轴

开心博士 画一条直线,在上面取一个基准点0(这个基准点也叫做原点)。设这条直线的一个方向为正,其相反方向为负。从0开始在直线正的方向上确定1的位置,然后按等距离的间隔顺次标上刻度2,3,4,5,…其次从0开始在直线负的方向上按同样间隔顺次标上刻度-1,-2,-3,-4,…我们把这样标有正负数的直线叫做数轴。

1.读下列各数。

$+4$ -6 $+0.3$ $-\dfrac{2}{3}$ $+50$

2.画数轴,确定下列各数的位置。

1.5(A) -2.5(B) 0.5(C) -6(D)

第三点 绝对值

开心博士 在数轴上，5和0的距离是5吧，那么，-5和0的距离是多少呢？

米丽娅 也是5。

开心博士 把某数与原点的距离，叫做这个数的绝对值。所以5(即+5)与-5的绝对值都是5。

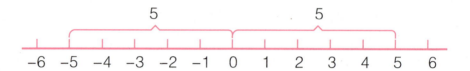

第四点 相反数

开心博士 数轴上，在原点0的两侧处于对称位置的两个数，其绝对值相等，符号相反。这很明显吧!这种绝对值相等、符号相反的两个数互称相反数。

罗伯特 如+3的相反数是-3，-3的相反数是+3。

嘟嘟 +8的相反数是-8，-8的相反数是+8。

开心博士 嘟嘟也明白了。以原点为中心，把数轴旋转180°。这时，无论什么数都与它的相反数重合。对此，一看下面的图就十分清楚了。

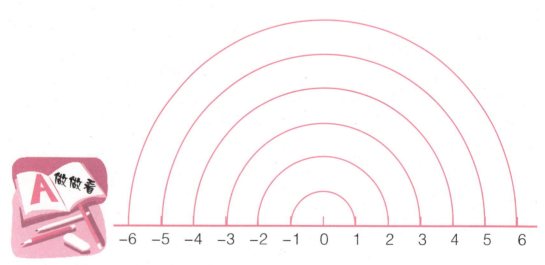

1. 写出下列各数的绝对值。

   3 -2 -1.3 -18 $+\dfrac{2}{3}$

2. 写出下列各数的相反数。

   +4 -7 -0.3 +1.2 0.1

第五点 比较正数、负数的大小

开心博士 请看下图 在数轴上0点的右侧取3（也就是+3），再取5(也就是+5)，因为5比3大，所以，3<5。

米丽娅 如果用持款这件事来考虑，那么持款5元的一方比持款3元的一方钱多。

开心博士 对于所有的正数来说，绝对值大的数大。现在，在数轴上0的左侧取−3，再取−5。如果从欠款这件事来考虑，那么，欠款越多财产就越少；所以−5<−3。

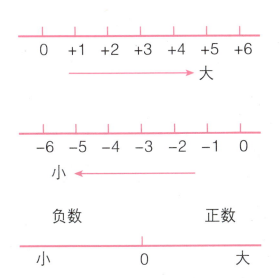

米丽娅 这样，对于所有负数来说，绝对值大的数小。

开心博士 因为比0大的数是正数，比0小的数是负数，所以

负数<0<正数

容易看出，无论数轴向左右怎样伸展，总是右边的数比左边的数大。

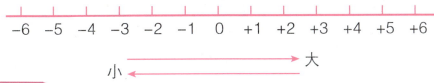

1.用不等号连接括号内的两个数。

(+5, +1) (−100, −10) (0.1, 0)
(0.2, −5) (−10, +5) (−0.1, −1)

2.用不等号连接下列各组数。

(−2, 0.1)　　　(−0.08, −0.1)
$(-4\frac{1}{2}, -5)$　　　$(-1, -\frac{1}{1000})$

被抽走代表欠款的黑牌将会怎样？

（第二次比赛在罗伯特、萨沙、米丽娅和大块头中进行。不过大块头好像有点不高兴。）

喜　鹊　该抽你的牌了。

胖噜噜　怎么回事！如果不愿意玩就换人。

大块头　不，不是那么回事。我挺愿意玩，只是因为抓的牌不好，觉得憋气。

（大家愣了一下，忍不住笑了起来。）

胖噜噜　啊！大块头不想再给别人牌了。

（在第一次比赛中计算出错的嘟嘟，由于听了开心博士的教导，现在已经能很好地掌握负数了。这时他好像很有把握似地对旁边的大块头悄悄地说。）

嘟　嘟　如果-5这张牌被抽走，那该多好啊。

大块头　那为什么呢？

嘟　嘟　因为-5这张牌负得最多。它一被抽走，你的持款就增多了。

大块头　你说的这些，我还是不明白。

（由于大块头没有掌握记分的方法，因此，玩不下去了。如果你也像大块头那样还不会记分的话，那么，希望你听一听罗伯特是怎样说的吧！）

罗伯特 嘟嘟说得对。大块头，现在比较一下-5这张牌被抽走前、后你的得分吧！

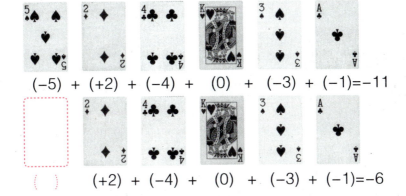

被抽之前　(−5) + (+2) + (−4) + (0) + (−3) + (−1) = −11

被抽之后　(+2) + (−4) + (0) + (−3) + (−1) = −6

罗伯特 −5这张牌被抽走之前，你的得分是−11。这表明你有11元的欠款。这张牌被抽走之后，你的得分是−6。这表明你有6元欠款。这与11元的欠款相比，你的负债不是减轻了吗？大块头，去掉了−5，这可和增加5元一样啊！

负数的减法

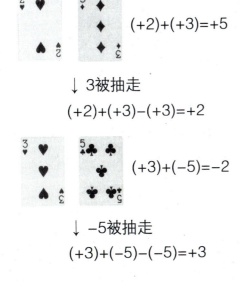

(+2)+(+3)=+5

↓ 3被抽走

(+2)+(+3)−(+3)=+2

(+3)+(−5)=−2

↓ −5被抽走

(+3)+(−5)−(−5)=+3

(+3)−(+2)=+1 → (+3)+(−2)=+1
(+2)−(−5)=+7 → (+2)+(+5)=+7

开心博士 用两张牌来说明减法的道理吧！这里有红2和红3两张牌。如果红3这张牌被抽走，那么总钱数就由原来的5元减少到2元了。

这回有红3和黑5两张牌。如果黑5这张牌被抽走，那么总钱数就由原来的−2元变为+3元了。

由这两个例子可以知道，减去某一个数，等于加上这个数的相反数。请仔细看左边算式。

正负数的加减混合运算

(第三次比赛开始了。不一会儿,米丽娅喊"停止。"那么,看看大家各自的得分都是多少吧。)

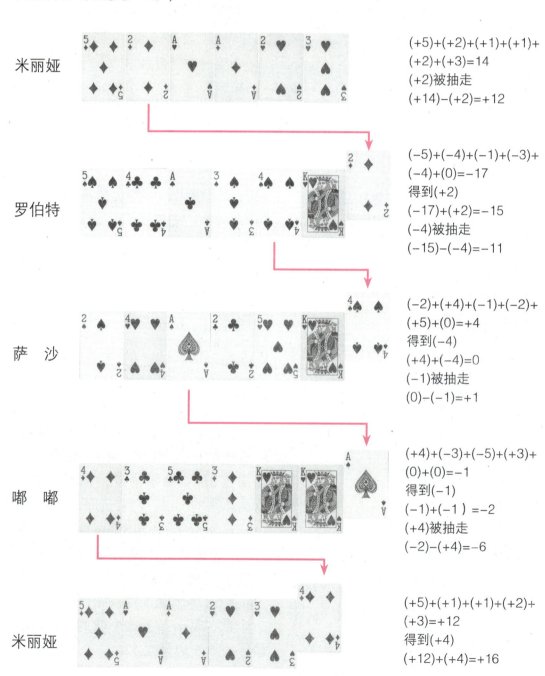

米丽娅　(+5)+(+2)+(+1)+(+1)+(+2)+(+3)=14
(+2)被抽走
(+14)−(+2)=+12

罗伯特　(−5)+(−4)+(−1)+(−3)+(−4)+(0)=−17
得到(+2)
(−17)+(+2)=−15
(−4)被抽走
(−15)−(−4)=−11

萨　沙　(−2)+(+4)+(−1)+(−2)+(+5)+(0)=+4
得到(−4)
(+4)+(−4)=0
(−1)被抽走
(0)−(−1)=+1

嘟　嘟　(+4)+(−3)+(−5)+(+3)+(0)+(0)=−1
得到(−1)
(−1)+(−1)=−2
(+4)被抽走
(−2)−(+4)=−6

米丽娅　(+5)+(+1)+(+1)+(+2)+(+3)=+12
得到(+4)
(+12)+(+4)=+16

开心博士一边观看比赛,一边教给米丽娅他们计算方法。

*同号的数相加

开心博士 米丽娅手里的牌全是红色的,也就是说,都是取+号的牌。把牌面上的数字照原样加起来就行了。同号的数相加,就是把绝对值加起来,并取原来的符号。这可要掌握住呀!

*异号的两个数相加

开心博士 按罗伯特原来手里的牌来计算总分是-17。由于从米丽娅那儿抽来一张$+2$的牌,因此,有$(-17)+(+2)=-15$。由这个例子就可以知道,异号的两个数相加,就是用较大的绝对值减去较小的绝对值,并且取绝对值大的那个加数的符号。按萨沙原来手里的牌来计算总分是$+4$。由于从罗伯特那儿抽来一张-4的牌,因此,有$(+4)+(-4)=0$,这表明某数与其相反数的和为0。

*正、负数混合加法

开心博士 看看嘟嘟手里的牌,计算一下得分情况。

$(+4)+(-3)+(-5)+(+3)+(0)+(0)=$
$[(+4)+(+3)]+[(-3)+(-5)]=$
$(+7)+(-8)=-1$

由此可得下面的结论:

正、负数混合加法,是先把所有正数加在一起,所有负数也加在一起,然后再求这两个结果的和就可以了。

*减法转化成加法

(关于负数的加减法,开心博士做了总结。)

开心博士 把减法转化成加法以后,减法和加法的混合运算,就变成加法运算了。例如

$(+5)+(-2)-(-3)-(+4)=$
$(+5)+(-2)+(+3)+(-4)=$
$(+8)+(-6)=+2$

从前你们做不带正负号的加减法,实际上也可以按正负数的加法来考虑。例如

$5-2+3-4=$
$(+5)-(+2)+(+3)-(+4)=$
$(+5)+(-2)+(+3)+(-4)=$
$(+8)+(-6)=+2$

因为从5中减去2,可以表示为5与-2的和,所以$5-2+3-4$也可以转化为$(+5)$,(-2),$(+3)$,(-4)的和。反过来,这个和式

$(+5)+(-2)+(+3)+(-4)$

也能写成$+5-2+3-4$或$5-2+3-4$。

数学世界探险记

1. 换成正负数后再计算。

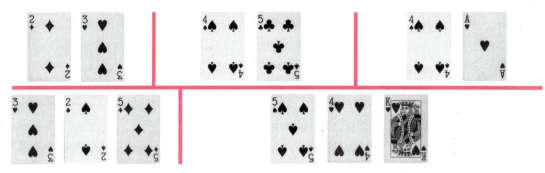

2. 下面的扑克牌是米丽娅他们做游戏喊停止时每个人手中的牌的情况,那么,计算一下每个人的得分吧!

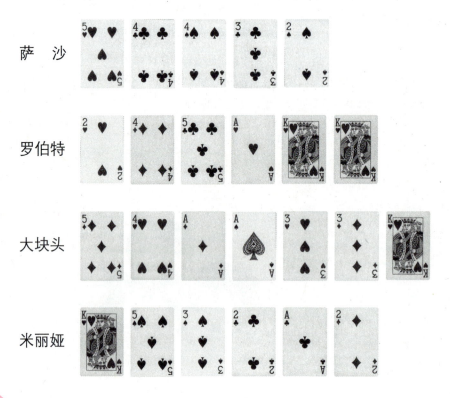

去郊游或不去郊游

3. 下面的扑克牌是米丽娅他们游戏过程中的一种情况。把它们换成正负数后,分别计算一下得分吧!再计算一下他们抽到一张牌和被抽走一张牌后的得分吧!

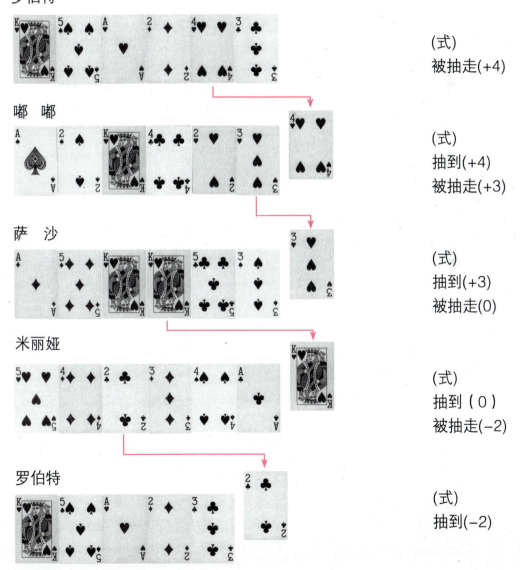

罗伯特

(式)
被抽走(+4)

嘟 嘟

(式)
抽到(+4)
被抽走(+3)

萨 沙

(式)
抽到(+3)
被抽走(0)

米丽娅

(式)
抽到(0)
被抽走(-2)

罗伯特

(式)
抽到(-2)

4. 计算下列各题。
   ① (+3)+(+2)
   ② (-4)+(-3)
   ③ (+4)+(+2)+(+3)
   ④ (-3)+(-2)+(-5)
   ⑤ (+4)+(0)+(+1)+(+3)
   ⑥ (-1)+(-2)+(0)+(-3)
   ⑦ (+8)+(+3)+(+1)
   ⑧ (-9)+(-1)+(-3)
   ⑨ (+7)+(0)+(+8)+(+6)
   ⑩ (0)+(-5)+(-7)+(-2)

5. 计算下列各题。
   ① (-3)+(+5)
   ② (-4)+(+5)
   ③ (+3)+(-5)
   ④ (+6)+(-8)
   ⑤ (-2)+(+2)
   ⑥ (+7)+(-7)
   ⑦ (+5)+(-4)+(-3)+(+2)
   ⑧ (+4)+(-5)+(-2)+(0)
   ⑨ (-6)+(-2)+(+9)+(-1)+(+5)
   ⑩ (+9)+(-7)+(+3)+(0)+(-4)

6. 计算下列各题。
   例 (+5)+(-2)-(-4)-(+3)=
   (+5)+(-2)+(+4)+(-3)=
   (+9)+(-5)=+4

   ① (+2)+(+1)-(+3)-(-4)
   ② (-3)+(+4)+(+2)-(-5)
   ③ (+4)+(0)-(+1)-(-3)
   ④ (-5)-(-7)+(-3)-(+6)
   ⑤ (-9)-(+6)-(-8)+(+3)
   ⑥ (+6)-(-2)+(-7)-(-8)
   ⑦ (-3)-(-5)-(+4)-(-7)
   ⑧ (+2)-(-6)-(-7)+(-3)
   ⑨ (-5)-(-3)+(-4)+(-2)
   ⑩ (+1)+(0)+(-9)-(-1)-(+8)
   ⑪ (0)-(+3)-(+5)+(0)-(-8)
   ⑫ (0)-(-7)-(-5)-(-6)-(+8)

7. 化为正负数的加法后再计算。
   例 5-2+4-3=
   (+5)-(+2)+(+4)-(+3)=
   (+5)+(-2)+(+4)+(-3)=
   (+9)+(-5)=+4

   ① 3-8+4
   ② -7+2-3
   ③ -9-7-8
   ④ -5-3+4+2-1+0
   ⑤ 0+1+2-1-2
   ⑥ -10-8-6-4+3+2+1
   ⑦ 23+18-16-27
   ⑧ -126-273+369
   ⑨ 600-780-8+0

(两个小指头那么大的小不点魔术师，一个用水龙头往游泳池里注水，一个拔开活塞放水。)

萨　沙　他们究竟在干什么呢？

开心博士　他们是在那里研究负数的乘法呢！

用+、-表示变化的量

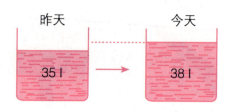

38 l - 35 l = 3 l　　增加3 l

(变化后的量)-(变化前的量)=(变化的量)

小不点魔术师　这个游泳池的水，昨天是35 l，今天是38 l。那么增加了多少升？

米丽娅　这容易算。因为38 l-35 l=3 l，所以增加3 l。

小不点魔术师　对。这要用(变化后的量)-(变化前的量)=(变化的量)来计算。变化的量就是改变了多少的量。那么，前天是38 l，昨天是35 l，变化的量是多少升呢？

米丽娅　用上面的公式一算就知道：

$$35 l - 38 l = -3 l$$

这就是说变化的量是-3 l，也就是减少了3 l。

小不点魔术师　对，从前天到昨天减少3 l，从昨天到今天增加+3 l。总之，增加3 l就是+3 l；减少3 l就是-3 l。

现在来考虑，昨天有水35 l，今天与昨天相比，有+3 l的变化，那么今天有多少升水呢？

35 l - 38 l = -3 l　　减少3 l

(变化后的量)-(变化前的量)=(变化的量)

米丽娅　前面的那个公式可转化为：(变化前的量)+(变化的量)=(变化后的量)。于是，可求得今天有水35 l+(+3) l=38 l。

小不点魔术师　对，对！算得好，算得好！

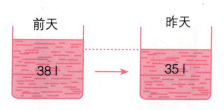

(变化前的量)+(变化的量)=(变化后的量)
35 l+(+3) l=38 l

"几分钟后"为+,"几分钟前"为-

小不点魔术师 我提的问题不局限在游泳池上,还有游泳池旁边这个大钟。

(小不点魔术师用手指着游泳池旁的大钟。所说的大钟,在探险队员眼里却只有手表那么大。米丽娅嗤嗤地笑。)

小不点魔术师 现在做一个关于钟表的智力测验吧。A先生正在学习,现在的时间是6点5分。他想在6点30分看电视。那么,看电视的时间是现在的多少分钟以后?

萨沙 这好算。6点30分−6点5分=25分,是25分以后。

米丽娅 计算公式为
(时刻)−(时刻)=(变化了的时间)

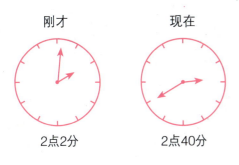

6点30分−6点5分=25分,25分后。
(时刻)−(时刻)=(变化了的时间)

小不点魔术师 变化了的时间是表示时间的量,我们可以把25分后规定为+25。请大家再考虑下面的问题。现在是2点40分,B先生在教室里。和伙伴们练单杠是刚才的2点2分停止的,请问,他们是在多少分钟之前停止练单杠的?

米丽娅 我知道。这个问题用负数来回答就可以了。2点2分−2点40分=−38分。由此可知,B先生他们是在38分之前停止练单杠的。

小不点魔术师 画出时间的变化量看看吧!设现在是12点,把它记为0。以现在的0为基点,用正负数来表示时间的变化,你明白吧?

2点2分−2点40分=−38分,38分前。

现在

考虑正负数的乘法

小不点魔术师 请看这个游泳池的秘密吧!这个游泳池的底部有个大木塞。这是思考负数乘法的教具。

现在

1 min流出7 l水

3 min后

1 min流出的水量 × (时间) = 变化了的水量

$(-7 l) \times (+3) = -21 l$

$(-) \times (+) = (-)$

小不点魔术师 如果拔掉这个木塞后。1 min流出7 l水,那么,3 min后池中的水的变化量是多少?和现在的水量相比,是增加了呢,还是减少了呢?

米丽娅 这是什么样的乘法呢?

罗伯特 (1 min流出的水量)×(时间)=(这段时间里水的变化量)。

萨 沙 因为水流出去了,所以3 min后的水量比现在少。

罗伯特 拔掉木塞水往外流,往外流的水量应为(−)。

米丽娅 是这样。然而对于时间来说是3 min后,当然用(+)。

萨 沙 这样一来,刚才的乘法算式为(−)×(+3)。

米丽娅 由于时间越往后,池中的水就越少。因此水的变化量为(−)。

小不点魔术师 总之,(−)×(+)=(−)这么写对吧!

米丽娅 刚才这道题可以用这个式子来计算,因为1 min流出7 l水,所以是−7 l。又因为是3 min以后,所以应该是(−7)与(+3)相乘。即

$(-7 l) \times (+3) = -21 l$

萨 沙 变化量是−21 l,也就是说3 min后水池的水比现在少21 l。

小不点魔术师　仍然是1 min流出7 l水。这一次研究一下比现在稍前一些时候的情况。请考虑，与现在相比，5 min前的水量是比现在多呢，还是比现在少呢?

现在

5 min前1 min流出7 l水

1 min流出7 l水

(1 min流出的水量)×(时间)=(变化了的水量)

因为是5 min前　　所以比现在多

$(-7 l) \times (-5) = +35 l$

$(-) \times (-) = (+)$

米丽娅　要考虑的还是水的变化量。既然如此，那么，就往前追溯吧!

萨沙　我明白了! 这回要做的乘法是(−)×(−)的形式。

罗伯特　因为水是往外流，所以在现在之前池中的水比现在池中的水多。所以答案应该为(+)。

米丽娅　对!是(−)×(−)=(+)。

罗伯特　是这样。因为1 min流出7 l，所以是−7 l。又因为是5 min前所以是−5 min。一计算就知道

$(-7 l) \times (-5) = +35 l$

由此可知，水的变化量是+35 l。这表明，在5 min前，池中水比现在多35 l。

数学世界探险记

小不点魔术师 用木塞堵住池底的洞口。这回用水龙带从上面往池中注水。已知1 min从水龙带流出5 l水。那么3 min后,游泳池里水的变化量是多少呢?

米丽娅 因为是注入水,所以值是正的。又因为时间为3 min后,所以值也是正的。

萨沙 因为是注入水,并且考虑3 min以后的情况,所以池中水量增加,水的变化量应该是正的。

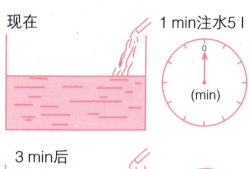

注水 3 min后 池中水增加

$(+5\ l) \times (+3) = +15\ l$

米丽娅 这回要做的乘法是(+)×(+)=(+)的形式。

罗伯特 计算一下,就是

$(+5\ l) \times (+3) = +15\ l$

由此可见,池中水的变化量是+15 l,这表明,3 min后池中的水增加15 l。

小不点魔术师 仍然假定用水龙带往游泳池里注水,并且1 min从水龙带流出5 l水。请问从现在追溯到4 min前,水的变化量怎么样?

米丽娅 因为1 min注入5 l水,所以是正数。

罗伯特 又因为时间是4 min前,所以是负数。其水量比现在少,因此水的变化量是负数。

米丽娅 这回要做的乘法是(+)×(−)=(−)的形式。

萨沙 经计算可得水的变化量为−20 l。这就是说,在4 min前,池中的水比现在少20 l。经过这一番讨论,我们确实明白了如何做正负数的乘法运算。

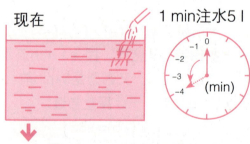

注水 4 min前 池中水比现在少

$(+5\ l) \times (-4) = -20\ l$

知道 0×(−5)=0，(−3)×0 的意义吗？

现在

没有注入水，也没有流出水，5 min 前如何？

$$\begin{pmatrix}没有注入水\\没有流出水\end{pmatrix} \times (5\ \text{min前}) = \begin{pmatrix}池中水\\没变化\end{pmatrix}$$

$$(0) \times (-5) = 0 \qquad 0$$

现在

1 min 流出 3 l 水，0 min 前如何？
(流出水)×(0 min 前)=(池中没变化)

$$(-3\ l) \times (0) = 0$$

$$(-) \times (0) = 0$$

萨 沙　0？这是怎么回事？

罗伯特　小黑怪说的是 0 乘以一个数或一个数乘以 0，这是怎么回事呢？噢——，如果给它赋予实际意义就容易明白了。现在套用一下 (1 min 水的流量)×(时间) 这个式子吧！0×(−5) 不就是表示在不注入水也不流出水的情况下，从现在追溯到 5 min 前的情况如何吗？

米丽娅　是这样。如果既不注入水也不流出水，那么，水的变化量不就一直是 0 l 吗？

罗伯特　对，水的变化量是 0。

萨 沙　对，0×(−5)=0。

米丽娅　(−3)×0 中的 −3 表示打开木塞，在 1 min 内流出 3 l 水，可是时间为 0，这就是说时间没有变化。

罗伯特　因为时间一点也没改变，所以水量也没有变化，(−3)×0=0。

萨 沙　是这样。无论什么数和 0 相乘，结果都是 0。

嘟 嘟　小黑怪这家伙呢？他又跑了。

数学世界探险记

喜　鹊　(一边摆弄着羽毛一边说。)开心博士，请您给总结一下负数的乘法吧！

开心博士　好吧！

$(+)\times(+)=(+)\rightarrow(+5)\times(+3)=+15$

$(-)\times(+)=(-)\rightarrow(-7)\times(+3)=-21$

乘以正数时，积的绝对值为两个数的绝对值的积，积的符号与原来被乘数的符号相同。

$(+)\times(-)=(-)\rightarrow(+5)\times(-4)=-20$

$(-)\times(-)=(+)\rightarrow(-7)\times(-5)=+35$

乘以负数时，积的绝对值为两个数的绝对值的积，积的符号与原来被乘数的符号相反。

$\begin{cases}(+)\times 0=0\\(-)\times 0=0\end{cases}$ $\begin{cases}0\times(+)=0\\0\times(-)=0\end{cases}$

任何数同0相乘都得0。

下面的图表示任何一个数乘以-1，都得这个数的相反数。

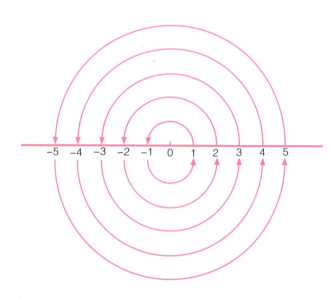

1. 求下列各乘积。

① $(-5)\times(+2)$　② $(+5)\times(-2)$　③ $(-3)\times(-7)$　④ $(+4)\times(+8)$

⑤ $(-\frac{1}{5})\times(-\frac{4}{3})$　⑥ $(+3)\times(-1)$　⑦ $(-8)\times(-1)$　⑧ $(+\frac{2}{3})\times(-1)$

2. 求下列各乘积。

① $(-40)\times 0$　② $0\times(+38)$　③ $(-1.5)\times 0$　④ 0×0

嘟嘟的苦恼（三个以上的数相乘）

嘟 嘟 嗯。负数乘正数得负数……

米丽娅 喂，嘟嘟。你在说什么梦话呢？

嘟 嘟 我没有睡觉，我正在思考问题呢。$(-2) \times 3$，再乘(-4)，再乘(-5)，接下来又乘(-1)……

萨 沙 啊，你在考虑几个正负数相乘啊？真的，这得怎么办呢？

嘟 嘟 我自己怎么也弄不明白呀！

米丽娅 别泄气，慢慢考虑嘛。

开心博士 几个数相乘，如果一个一个地乘，你们一定能明白。如果放在一起来考虑，那就要特别注意。每乘一个负数，乘积改变一次符号。负数的个数是偶数时，积为正；负数的个数是奇数时，积为负。

萨 沙 数负数的个数，这很容易办到。

开心博士 另外，积的绝对值是各个乘数绝对值之积。

例1　$(-3) \times (+2) \times (-4) \times (-5) =$
$-(3 \times 2 \times 4 \times 5) = $ ←有3个负数，
-120　　　所以积的符号为$(-)$

例2　$(-2) \times (-4) \times (-5) \times (-1) \times (+6) =$
$+(2 \times 4 \times 5 \times 1 \times 6) = $ ←有4个负数，
$+240$　　　所以积的符号为$(+)$

把上面的问题总结一下：几个正负数相乘，负数的个数为偶数时，积为正；负数的个数为奇数时，积为负；积的绝对值是各数的绝对值的积。

负数的个数为偶数

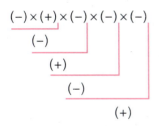

负数的个数为奇数

数学世界探险记

倒数的队列

（从对面来了许多打着木牌的小个子魔术师。）

米丽娅 他们在干什么?要开运动会吗?

萨 沙 他们在游行吧?

（走近一看，魔术师们不停地转动着手中的牌子。写着+4的牌子的背面写着$+\frac{1}{4}$，写着+3的牌子的背面写着$+\frac{1}{3}$。）

喜 鹊 那是一些表示倒数的牌子。

大块头 什么是倒数呢?我忘了。

喜 鹊 那你就复习一下第三册《恼人的小数分数》的有关内容吧。

米丽娅 当两个数的乘积为+1时，那么这两个数互为倒数。

喜 鹊 现在，对带有正、负号的数一定要特别注意哟。

开心博士 考虑那个牌子上的数吧!由于

$$(+\frac{3}{2})\times(+\frac{2}{3})=1$$

$$(-\frac{3}{2})\times(-\frac{2}{3})=1$$

所以，$+\frac{3}{2}$的倒数是$+\frac{2}{3}$，$-\frac{3}{2}$的倒数是$-\frac{2}{3}$。由上面的例子可以看出，带有正负号的数的倒数，其符号和原来那个数的符号相同，绝对值是原来那个数的绝对值的倒数。

正负数的除法

四个小个子魔术师摆成如下的式子

$(-\frac{2}{3}) \div (-\frac{5}{7}) =$

胖噜噜 啊，除法！

小个子魔术师 除法的队列！除法的队列！

(从左数第二个和第三个魔术师不约而同地把牌子翻过去。于是，又出现了如下的式子

$(-\frac{2}{3}) \times (-\frac{7}{5}) =$

罗伯特 正负数的除法和普通数的除法一样，也可以用原被除数乘以原除数的倒数的办法来计算。

(探险队员们兴高采烈地看着魔术师的排队表演，并对队列的每一次数字的变化都做出了相应的回答。)

$(-\frac{2}{3}) \div (-\frac{5}{7}) = (-\frac{2}{3}) \times (-\frac{7}{5}) = \frac{14}{15}$

$(+3) \div (-7) = (+\frac{3}{1}) \times (-\frac{1}{7}) = -\frac{3}{7}$

$(-4) \div (+6) = (-\frac{4}{1}) \times (+\frac{1}{6}) = -\frac{2}{3}$

$(-12) \div (-3) = (-\frac{12}{1}) \times (-\frac{1}{3}) = 4$

数学世界探险记

0不能做除数

(四个小个子魔术师举着牌子，排成"$0 \div (-4) =$"的队列过来了。)

米丽娅　这道题怎么做好呢？

小个子魔术师　(齐声地)除法的队列!除法的队列!

(这时，只见中间的两个魔术师又把牌子翻过去，于是出现了"$0 \times (-\frac{1}{4}) =$"。

小个子魔术师　(齐声地)结果为0。

罗伯特　值得注意的是，不能出现用0做除数的队列!

开心博士　说得对。任何一个不为0的数除以0时，按上面用的计算规律去计算，要用0的倒数乘以这个数。由于 $0 \times a = 1$，那样的 a 不存在，因此，0没有倒数。所以……

罗伯特　啊? 0没有倒数啊?

开心博士　总之，你们要记住，0不能做除数，不考虑某数被0除。

1. 写出下列各数的倒数。

$+\frac{4}{7}$　　$-\frac{5}{3}$　　$-\frac{1}{7}$　　$+10$　　-3　　-1

2. 计算下列各题。

① $(-\frac{1}{2}) \div (\frac{7}{3})$　　② $(-\frac{1}{3}) \div (-\frac{3}{4})$　　③ $(-2) \div (+3)$

④ $(-5) \div (-7)$　　⑤ $(+8) \div (-6)$　　⑥ $(-7) \div (+15)$

⑦ $(-30) \div (-5)$　　⑧ $(+18) \div (-3)$　　⑨ $(-5) \div (-15)$

*乘法和除法的混合运算

因为除法可以通过被除数乘以除数的倒数来计算，因此，乘除法混合运算都可以变成乘法运算。

例1　$(-\frac{2}{5}) \times (-\frac{3}{4}) \div (-\frac{15}{8}) =$
　　　$(-\frac{2}{5}) \times (-\frac{3}{4}) \times (-\frac{8}{15}) =$
　　　$-\frac{2 \times 3 \times 8}{5 \times 4 \times 15} = -\frac{4}{25}$

例2　$(+2) \div (-6) \times (+9) \div (-12) =$
　　　$(+\frac{2}{1}) \times (-\frac{1}{6}) \times (+\frac{9}{1}) \times (-\frac{1}{12}) =$
　　　$+\frac{2 \times 1 \times 9 \times 1}{1 \times 6 \times 1 \times 12} = +\frac{1}{4}$

*四则混合运算

关于正负数的加减乘除混合运算，和从前一样，首先做乘除，然后做加减。

例　$3 \times (-5) - (-3) \times (+4) - 21 \div (-3) \times (-2)$

解　乘除的部分是 $3 \times (-5)$，$(-3) \times (+4)$ 和 $21 \div (-3) \times (-2)$。解本题应从 $3 \times (-5)$ 中减去 $(-3) \times (+4)$，再减去 $21 \div (-3) \times (-2)$。减去 $(-3) \times (+4)$ 等于加上它的相反数 $-(-3) \times (+4)$，减去 $21 \div (-3) \times (-2)$ 等于加上它的相反数 $-21 \div (-3) \times (-2)$。也就是求 $3 \times (-5)$ 和 $-(-3) \times (+4)$ 和 $-21 \div (-3) \times (-2)$ 的和。

$$\left.\begin{array}{l} 3 \times (-5) = -15 \\ -(-3) \times (+4) = 12 \\ -21 \div (-3) \times (-2) = -\frac{21 \times 1 \times 2}{1 \times 3 \times 1} = -14 \end{array}\right\} \cdots\cdots \begin{array}{l}(-15)+(+12)+(-14)= \\ -29+12=-17\end{array}$$

1. 计算。

① $(-\frac{1}{3}) \times (+\frac{1}{4}) \div (-\frac{1}{2})$

② $(-\frac{1}{2}) \div (-3) \times (-\frac{2}{3})$

③ $(-4) \div (-5) \div (+\frac{8}{7})$

④ $(-9) \times (+1) \times 0 \div (-5)$

2. 计算。

① $(+6)+(-9)-(-4)-(+7)$

② $-5+2 \times (-4) - 12 \div (-2)$

③ $4 - 8 \div (-2) - 5 \times 3 - 1$

④ $3\frac{1}{3} \times (-\frac{4}{5}) \div (-2\frac{2}{5}) - 1 \times \frac{1}{7}$

⑤ $1 - \frac{2}{3} \times \frac{1}{4} \div (-\frac{5}{8}) \times 5 + \frac{1}{2}$

方程组

小个子魔术师 最后，特别招待大家看一场用箱子做道具的魔术吧！

（小个子魔术师引导大家来到野外小剧场。）

小个子魔术师 在这里摆着方箱子和长箱子。请仔细琢磨一下箱子里放着的数是多少？这个魔术实际上是做正负数的二元一次联方程组的游戏。

罗伯特 没什么了不起的，我们想办法解决这个问题就是了。

萨沙 好像在哪儿见过这种问题。噢，对了，在第7册《隐藏起来的数字》里做过这种数的游戏。

罗伯特 好歹还是列出方程组吧！设方箱子里的数为 x，长箱子里的数为 y，那么

$2x+2y=-10$ ……①

$2x+y=-8$ …… ②

这是一个引进了负数的方程组，这种方程组还是头一次遇见呢！

米丽娅 那就考虑式①和式②吧！

罗伯特 好，做做看。式①-式②看，出现负数了。

$$2x+2y=-10$$
$$-\underline{|2x+\ y=-8}$$
$$y=-10-(-8)=-10+8=-2$$

萨沙 对，把 $y=-2$ 代入②式，看，x 也是负数。

$$2x+(-2)=-8$$
$$2x=-6$$
$$x=-3$$

罗伯特 做完了。魔术师，方箱子里的数是-3，长箱子里的数是-2。对吧！

小个子魔术师 你说的完全正确。

（这时，小个子魔术师打开箱子，-3和-2都露出来了。）

1. 解下面的方程。

例 $-2x+3=4x-6$

解 移项

$-2x-4x=-6-3$

$-6x=-9$

两边同除以 -6，得

$\dfrac{-6x}{-6}=\dfrac{-9}{-6}$

$x=\dfrac{\cancel{9}^{3}}{\cancel{6}_{2}}=\dfrac{3}{2}$

答 $x=\dfrac{3}{2}$

① $3x+2=-4$
② $5x-2=-6$
③ $7x=-5x+3$
④ $2x=3-7x$
⑤ $4x-1=x+15$
⑥ $-2x+3=4x-9$
⑦ $-3x-4=2x+3$
⑧ $-x=5x-8$
⑨ $-x+3=0$
⑩ $x+10=0$
⑪ $\dfrac{2}{3}x-7=-1$
⑫ $\dfrac{1}{4}x-6=x+1$
⑬ $x=\dfrac{1}{2}x-4$
⑭ $-x=\dfrac{6}{7}x-7$
⑮ $\dfrac{1}{2}x-\dfrac{1}{3}=\dfrac{2}{3}x+1$
⑯ $\dfrac{3}{5}x-\dfrac{2}{3}=-\dfrac{1}{4}x+6$

2. 解下面的方程组。

例 $\begin{cases} 5x-3y=1 \cdots\cdots ① \\ 4x+2y=-8 \cdots\cdots ② \end{cases}$

解 消去 y，得

①×2 ……… $10x-6y=\ \ 2$

②×3 ……… $+\underline{)12x+6y=-24}$

$22x=-22$

$x=-1$

消去 x

①×4 ……… $20x-12y=\ \ 4$

②×5 ……… $-\underline{)20x+10y=-40}$

$-22y=+44$

$y=-2$

答 $\begin{cases} x=-1 \\ y=-2 \end{cases}$

① $\begin{cases} 4x-3y=-6 \\ 5x-2y=-11 \end{cases}$

② $\begin{cases} 2x+5y=-1 \\ 3x-2y=8 \end{cases}$

③ $\begin{cases} x-2y=-5 \\ 3x-y=-10 \end{cases}$

④ $\begin{cases} -4x+3y=10 \\ 2x-y=-4 \end{cases}$

⑤ $\begin{cases} 3x+y=7 \\ x+3y=-3 \end{cases}$

谈谈负数

*在我们身边常常遇到负数

萨 沙 负数是让人感到奇怪的数,这种数是怎样发现的呢?有3个苹果很容易理解,可是有–3个苹果就不好理解了,如何理解这种负数呢?

(为了探讨数的奥秘,萨沙央求开心博士讲讲关于负数的事。)

开心博士 嗯,在你们周围,有没有用"负"这个词的时候?

萨 沙 有这种情况吗?

米丽娅 听说过。在结核菌苗反应中,使用过"负"这个词。

萨 沙 对,我也想起来了,电池不是有正极、负极吗?

开心博士 是这样。实际上,在我们身边,常常遇到负数。比如说,你们不是经常使用温度计吗?

萨 沙 对呀!零下15℃,就是–15℃啊!

开心博士 对,水变成冰的时候,温度是0℃。温度在0℃以下用负数表示。冰点以下啦,零下啦,都是温度在0℃以下的意思。

萨 沙 这么说,以0℃为基点,可以无限地向上下伸展,于是就有0℃上和0℃下的温度了。

开心博士 说的有道理。但是人们还不能想象温度在–273℃以下的情景。–273℃是所有东西都变成像冰那样状态的极限温度。达到这样的温度真让人不可理解。

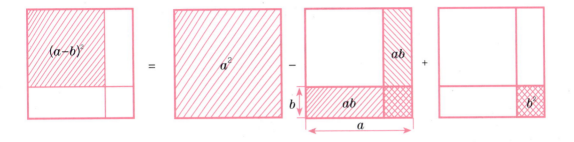

*负数的历史

开心博士 大约在2 400年前，古希腊人首先使用了负数。当时使用负数的范围很窄，只是用在正方形和长方形的面积的代数表示方面。请看上图。

边长为$(a-b)$的正方形的面积，等于从边长为a的正方形的面积中，减去两个边长为a，b的长方形的面积，再加上一个边长为b的正方形的面积。用式子表示，就是

$$(a-b)^2=a^2-2ab+b^2$$

只在这时使用了称为（－）的负数。不过现在不必记住这个式子。

罗伯特 上式中的字母的右肩上的小2是什么意思呢？

开心博士 这个小2嘛，以后你们会懂的，现在就不做什么解释了。

可是，从那时起，在相当长的一段时间里，负数的问题没有太大的发展。负数形成完整内容是距今大约400年前的事。

*使用负数的一个小故事

米丽娅 我父亲对公司的朋友们说："那个人很好，可是寡言少语达到了负数的程度。"

开心博士 看来米丽娅对大人的事情很感兴趣。米丽娅的父亲使用了负数这个词，是说他的朋友为人很好，工作也很好，长处很多，可是过于寡言少语。这里的负数是表示除了那些长处的正数外，还有缺点的意思。米丽娅的父亲说话很有风趣嘛。

数学世界探险记

约数和倍数

数的王国的魔术师们为了欢迎探险队的到来要举行招待会。可是有多少人参加招待会呢？

工作人员正在埋头写着请帖，究竟邀请多少人呢？

求最大公约数

喜 鹊 我听说魔术师们已经为出席招待会的人准备了192个樱桃、144块威士忌酒心巧克力。出席招待会的人要平均分配这些东西,并且要招待尽可能多的人。

大块头 如果出席两个人,每人分得96个樱桃、72块威士忌酒心巧克力。

米丽娅 两个人太少了。

大块头 出席的人少,不是能吃得多吗?我就喜欢吃啊。

胖噜噜 你这个糊涂虫,那也不能分给你自己呀!光咱们探险队就有7个人呢!

(按萨沙的计算应出席12人。这样每人可分得16个樱桃和12块威士忌酒心巧克力。按米丽娅和罗伯特的计算应出席48人。罗伯特算得快,米丽娅算得慢。)

米丽娅 我认为求192和144的最大公约数就行了。我已做了认真的计算。

罗伯特 我使用了辗转相除法,求出了它们的最大公约数。喂,求最大公约数的方法,在第3册《恼人的小数和分数》中不是已经探讨过了吗?

大块头的计算
出席2人
每人分得96个樱桃、
72块威士忌酒心巧克力。

萨沙的计算
出席12人
每人分得16个樱桃、12块威士忌酒心巧克力。

罗伯特的计算
出席48人
每人分得4个樱桃、3块威士忌酒心巧克力。

米丽娅的计算
出席48人
每人分得4个樱桃、3块威士忌酒心巧克力。

辗转相除法

罗伯特 把 a，b 这两个数的最大公约数记作 (a, b)。用辗转相除法求 a，b 的最大公约数，不就是考虑用尽可能大的正方形的瓷砖来铺满长为 a、宽为 b 的长方形的地板吗？

在第3册《恼人的小数分数》中已经探讨过了。

罗伯特 设樱桃的个数192为 a，巧克力的块数144为 b。把 192×144 看作是长为192、宽为144的长方形地板就可以了。如果铺完边长为144的正方形地板后，那么就剩下一块长为48、宽为144的长方形地板了。现在的问题就是选取尽可能大的正方形瓷砖来铺满这块长为 c（48）、宽为 b（144）的地板了。取3块边长为48的正方形瓷砖不是正好铺满这个长方形地板吗？于是，就知道 $(192, 144)=48$。也就是说，如果用边长为48的正方形瓷砖去铺，a 为192、b 为144的长方形的地板，就一定能铺满，没有缝隙。

求 a，b 两个数的最大公约数 (a, b) 的方法是：

① 用小数除大数。整除时，小数就是最大公约数。

② 不能整除时，用①的余数除小数。

③ 用②的余数除①的余数。

④ 其次，用③的余数除②的余数。一直继续到整除为止。整除时的除数就是最大公约数。

方才这个问题是在②这一步骤就结束了。这时，有 $144 \div 48=3$，所以48就是所求的最大公约数。

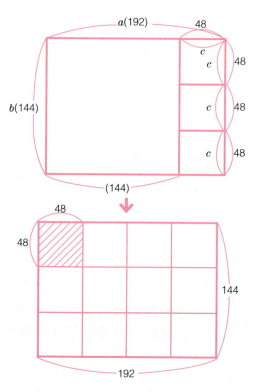

$(144, 192)$

$$\begin{array}{r} 3 \\ 48\overline{)144} \\ \underline{144} \\ 0 \end{array} \quad \begin{array}{r} 1 \\ \overline{)192} \\ \underline{144} \\ 48 \end{array}$$

答 $(144, 192)=48$

三个数的最大公约数

有长度分别为 a cm、b cm、c cm 的三条缎带。想把这三条缎带裁成没有剩余的并且长度相等的缎带。这时，缎带的长就是 a，b，c 这三个数的最大公约数。把它记作 $(a，b，c)$。

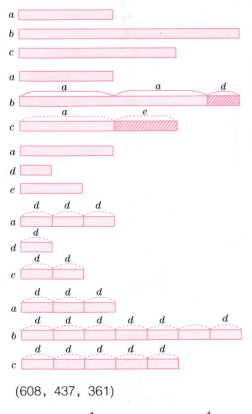

请看左图。

① 比较 a，b，c，看出 a 最小。

② 如果 a 整除 b，整除 c，那么 a 是 b，c 的约数，并且是最大公约数。

③ 如果 a 不是 b，c 的约数，那么，从 b，c 中去掉 a 以后，还应各剩下一段缎带。

④ 从 b，c 中去掉尽量多个 a 以后，剩下的缎带分别记为 d，e。于是问题就转化为求 a，d，e 三个数的最大公约数了。

⑤ 比较 a，d，e，看出 d 最小。

⑥ 如果 d 整除 a，d 整除 b，d 就是最大公约数。

像上面的做法一直继续到余数为0时为止。那么最后那个除数就是最大公约数。这就是三个数的辗转相除法。

那么就用辗转相除法求608，437，361的最大公约数吧！

① 608，437，361中，361最小。

② 361，76，247中，76最小。

③ 76，19，57中，19最小。

④ 由于19整除76，57，所以19是这三个数的最大公约数。

(608，437，361)

```
      1              1
361)608        361)437
    361            361
    247             76

      4              3
 76)361         76)247
    304            228
     57             19

      4              3
 19)76          19)57
    76             57
     0              0
```

答 (608，437，361)=19

两颗人造卫星下次何时再相会？

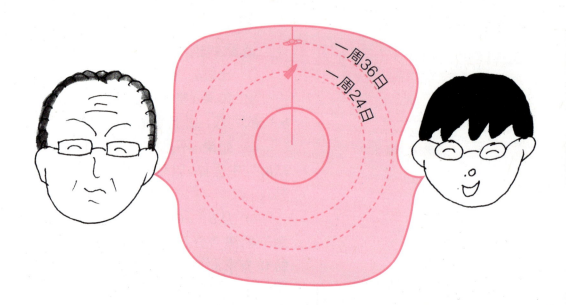

一周36日
一周24日

（欢迎探险队的招待会开始了。这是一个很热闹的招待会。米丽娅、萨沙和罗伯特三个人时而讲话，时而去数的魔术师那里听他们谈话。）

萨沙 喂，你们看，嘟嘟一边闭着嘴嚼什么，一边打盹了。

（喜鹊安德列吃过威士忌酒心巧克力后，有些醉意，脸变红了。）

（开心博士和数的王国的魔术博士亲切交谈着。）

魔术博士 我国的人造卫星今晚在我们这儿的上空通过。

开心博士 正好，我国的人造卫星今晚也在这里通过。

魔术博士 这么说，今晚有两颗卫星在我们头顶的上空并行了。

开心博士 贵国的卫星通过这里的周期是多少天？我国的卫星通过这里的周期是36天。

魔术博士 我国的是24天。

开心博士 那么说，贵国的卫星和我国的卫星下一次相会不是在……天以后吗？

（米丽娅他们漏听了卫星相会的日期，他们决定自己算一算。）

萨沙 设数的王国的人造卫星为A，我国的人造卫星为B，以天为单位画一个图。首先画一些刻度，那就以24和36的最大公约数12为1个单位来画刻度，请看上图。如果以今天为起点进行测量，那么，下一次两卫星相会是在第72天吧！这个72就是24和36的最小公倍数，记作

$$[24,36]=72$$

罗伯特 我画一个$24×36$的长方形，用它的长、宽表示天数。把两颗人造卫星的周期24和36相乘，这个积一定是它们的公倍数。在$24×36$这一天，两颗卫星一定相会，可是也许不是距今天最近的日期。用最大公约数除，就是

$$\frac{24×36}{12}=72$$

以72天为边长做一个正方形，就能画出下一次两颗卫星相会的日期。请看左图。

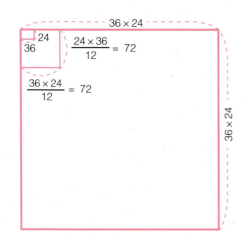

米丽娅 想起来了。

两个数a，b的最小公倍数$[a,b]$，应这样计算：

① 求出a，b的最大公约数(a,b)。

② a被(a,b)除。

③ b和②的结果相乘。

[24，36]
(24，36)=12
24÷12=2
36×2=72

答 [24，36)=72

不要像罗伯特以前那样急急忙忙地做题，那样很容易出错。还是慢慢地思考吧！

1. 求下面两个数的公约数，按大小顺序排列出来。

例 (8, 12)
8的约数为1, 2, 4, 8。
12的约数为1, 2, 3, 4, 6, 12。
公约数为1, 2, 4。
　　　　　　答 4, 2, 1。

① (10, 12)　　② (9, 15)
③ (18, 30)　　④ (24, 36)
⑤ (14, 27)　　⑥ (72, 108)

2. 用辗转相除法，求下面两个数的最大公约数。

例 (54, 16)

$$\begin{array}{r} 2\ \ 1\ \ 2\ \ 3 \\ 2\overline{)4}\ \ 4\overline{)6}\ \ 6\overline{)16}\ \ 16\overline{)54} \\ \underline{4}\ \ \ \underline{4}\ \ \ \underline{12}\ \ \ \underline{48} \\ 0\ \ \ 2\ \ \ 4\ \ \ 6 \end{array}$$

　　　　　答 (54, 16)=2。

① (72, 36)　　② (64, 96)
③ (65, 91)　　④ (23, 125)
⑤ (92, 132)　　⑥ (124, 674)

3. 用辗转相除法，求下面三个数的最大公约数。

例 (21, 28, 35)

$$\begin{array}{r} 1\ \ 1\ \ 2\ \ 3 \\ 21\overline{)28}\ \ 21\overline{)35}\ \ 7\overline{)14}\ \ 7\overline{)21} \\ \underline{21}\ \ \underline{21}\ \ \underline{14}\ \ \underline{21} \\ 7\ \ \ 14\ \ \ 0\ \ \ 0 \end{array}$$

　　　　答 (21, 28, 35)=7。

① (8, 6, 12)　　② (15, 30, 45)
③ (24, 18, 36)　　④ (30, 48, 66)

4. 在下面的两个数的公倍数中，请找出三个最小的。

例 10和15
10的倍数10, 20, 30, 40, 50, 60, 70, 80, 90, 100, …
15的倍数15, 30, 45, 60, 75, 90, …
　　　　答 30, 60, 90。

① 8和10　　② 7和8
③ 6和11　　④ 9和5

5. 求下面两个数的最小公倍数。

例 [32, 56]
(32, 56)=8
32÷8=4
56×4=224

$$\begin{array}{r} 3\ \ 1\ \ 1 \\ 8\overline{)24}\ \ \overline{)32}\ \ \overline{)56} \\ \underline{24}\ \ \underline{24}\ \ \underline{32} \\ 0\ \ \ 8\ \ \ 24 \end{array}$$

　　　答 [32, 56]=224。

① (10, 12)　　② (16, 28)
③ (6, 14)　　④ (9, 21)
⑤ (15, 50)　　⑥ (68, 72)
⑦ (77, 21)　　⑧ (16, 76)

开心博士的讲演

——最大公约数，最小公倍数

开心博士 谢谢大家。我能和大家一起学习数学和做数的游戏，感到很高兴。如果仔细考虑最大公约数和最小公倍数的关系，那么可以说这是不好理解的内容。如果有两个数，那么它们的公倍数有无限多个，它们的公约数可能有有限多个。在 a，b 的最大公约数、最小公倍数以及 a，b 的积之间有这样的关系：

$$a \times b = (a, b) \times [a, b]$$

也就是

两数之积＝最大公约数×最小公倍数

方才米丽娅已总结求最小公倍数的方法。如果把①、②、③三个步骤合起来，就是

$$a \times b \div (a, b) = [a, b]$$

把它移项，就是两数之积等于最大公约数乘以最小公倍数之积。

要记住这个公式，它有各种各样的应用。

利用辗转相除法，求最大公约数很方便。和从前的传统方法相比较，它能很快地得出答案。例如，求221和493的最大公约数，把它们并列起来，用

$$\overline{\smash{)}221, 493}$$

不容易看出它有怎样的公约数。

如果用辗转相除法，反复进行除法运算，就能很快得出答案。

```
493   2             3     4     2
 ↓      221      17)51  )221  )493
   4  ↓   ↓        51    204   442
 51   3   17       ——    ——    ——
                    0     17    51
```

用辗转相除法，很容易得到221和492的最大公约数是17。以后求最大公约数和最小公倍数都用辗转相除法。

数的王国的代表 好，明天招待大家一场质因数的文娱节目，我想大家一定能喜欢。

数学世界探险记

质数

(听说今天有文艺节目演出。)
萨 沙　我想看惊险的节目。
米丽娅　我喜欢恋爱的悲剧。
大块头　我对推理侦探的故事感兴趣。

开心博士　因为这是数的王国的文艺演出，所以一定是富有启发思维内容的节目。

第一幕 什么是质数

(大幕一拉开,在耀眼的照明中,2首先出场。它不停地转来转去。接着3,4,5,…,按顺序出场。)

(数字8一边熟练地翻着跟头一边登场了。)

萨 沙 2,3,5,7穿着各不相同的红色衣服。

米丽娅 是从2到9这8个数在演节目。

(这时响起了悦耳的音乐。8个数转一圈,做了一个优美的空中转体动作。刚才的8个数,突然变成了7个2,4个3,1个5,1个7这13个数,并且排成一排开始跳舞。)

萨 沙 怎么回事?怎么都变成2,3,5,7了?而且还都穿着红衣服。

罗伯特 变身呗。

米丽娅 一开始就是2,3,5,7这四个数穿红衣服。

开心博士 (笑眯眯地)穿红衣服的是2,3,5,7,穿另外颜色衣服的是4,6,8,9。这是因为这两种数的性质不同。这种变身的规则是什么,你们知道吗?

(大家一边看着节目,一边思考着变身规则。你不也很感兴趣吗?)

数学世界探险记

米丽娅 在这个变身后的队列里，2和3并在一起，接下来是2和2并在一起……

萨 沙 是这样。原来的队列，是按从2到9的顺序排成的队列，对变身后的数来说，还排在原来那个数的位置。这样，就成为下面这个队列了。

米丽娅 也就是说，4变身为2和2，6变身为2和3……

罗伯特 数字变身这件事，可用下图表示出来。

米丽娅 考虑自然数时，4可记为1+1+1+1。现在用乘法又把4表示为2×2。

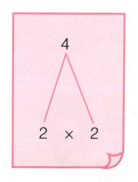

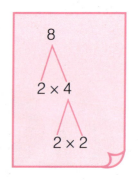

萨 沙 用乘法不能再把2和3分解成比它们再小的数了。

米丽娅 因为这是用乘法变身，所以舞台上的数字都成了它们的约数。

罗伯特 因为对2，3，5，7来说，只有1和本身是它们的约数，所以不能再分解了。

开心博士 你们要注意，2，3，5，7不能再分解了，这是这个队列的秘密。

说，只有1和本身是它的约数，而不再有别的约数，那么这个数就叫做质数。

米丽娅　在这个节目中，穿红衣服的数都是质数。

开心博士　$4=2×2$，除了1和它本身外，还有约数2。$6=2×3$，除了1和它本身外，还有约数2，3。像这样，具有三个以上约数的自然数叫做合数。

小黑怪　不公平！还有这么不公平的事！

（小黑怪突然大声喊起来，舞蹈演员都回头看它。）

米丽娅　小黑怪！肃静，你要干什么？

小黑怪　（小声地告诉大家）在这个节目中，数1一直没有出场。那么1是质数还是合数？

开心博士　2只有1和2两个约数，3只有1和3两个约数，5，7也是一样，只有1和本身两个约数。像这样，除了1以外，对于一个自然数来

罗伯特　那么说，判别某数是不是质数，只要用比它小的整数除就可以了？

开心博士　如果能被整除，这个数就不是质数。

米丽娅　1不能被1以外的数整除，所以不是合数。1的约数只有1个，所以它也不是质数啊！

开心博士　正因为1不是质数，也不是合数，所以才没有登场。这件事的道理你们不久就会明白。

第二幕　12和53的差异

这一回，12和53出场了。

12走到舞台前，做了一个精彩的转身动作后变成了2和6，6又做了一个转身变成了2和3。就这样，舞台上出现了2个2，1个3。它们手拉着手退场了，观众拍手喝彩。

接下来是53出场。他想竭力模仿12的动作，又是匍匐又是打滚，但动作并不精彩。大家被这番滑稽的表演逗得哄堂大笑。

罗伯特　哈哈，动作不高明。那么53不可以变身为3和另外一个什么数吗？除以3，得17还余2。

米丽娅　也不能变身为5。那么变身为7行不行？除以7，得7余4，也不行……

萨　沙　53是质数，一定是质数。

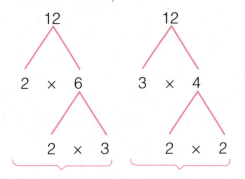 

12 = 2 × 2 × 3

第三幕 寻找质数的方法

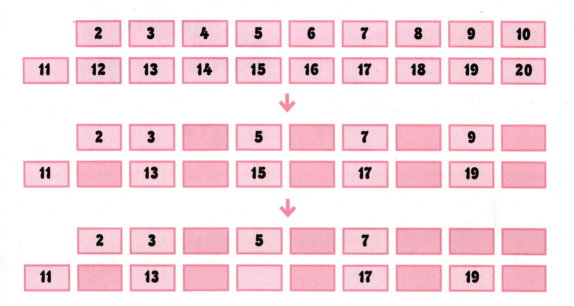

（从2到20这19个数排着队出场了。首先，4，6，8，10，12等偶数来个向后转，突然消失了。接下来，9，15向后转也消失了。）

米丽娅　舞台上只剩下2，3，5，7，11，13，17，19这8个数了。

萨　沙　剩下这8个数，都穿着红衣服，它们都是质数。

罗伯特　20以内的质数只有8个。

米丽娅　如果见到的数是质数的倍数，那么这个数是合数而不是质数，把它划掉。

罗伯特　这真是个巧妙的方法。

把自然数按顺序写出来，依次划去2的倍数，3的倍数……划掉这些合数，剩下来的就是质数。

开心博士　这个用依次淘汰这些质数的倍数来寻找质数的方法叫做"爱拉托斯散纳筛法"。爱拉托斯散纳是据今大约2100年前的一位西腊学者，是他发明了这种寻找质数的方法。

萨　沙　这么说。质数早就被人们发现了！

开心博士　如果从2到100中划去所有由2到7的倍数，就可得到100以内的全部质数。

看到100以内的质数了吧！

在第三幕快要结束的时候，100以内的数全部出场了。用爱拉托斯散纳筛法，应该从中找出25个质数。大块头和胖噜噜刚刚找出了几个，你伸手帮帮忙吧！

	2	3		5		7			
11		13				17		19	
21	22	23	24	25	26	27	28	29	30
31	32	33	34	35	36	37	38	39	40
41	42	43	44	45	46	47	48	49	50
51	52	53	54	55	56	57	58	59	60
61	62	63	64	65	66	67	68	69	70
71	72	73	74	75	76	77	78	79	80
81	82	83	84	85	86	87	88	89	90
91	92	93	94	95	96	97	98	99	100

质数的历史

幕间休息时，开心博士就质数问题做了一段插话。

开心博士　使用爱拉托斯散纳筛法，在4 000以内的自然数中，可以筛出550个质数，其中最大的是3 989。

萨　沙　哎呀，有那么大的质数？

开心博士　实际上，质数有无限多个。无论数怎么增大，一定在某个地方出现只有1和本身为约数的数。

罗伯特　那么，也有在笔记本上要写两三行那么大的质数吗？

萨　沙　既然有无限多个，那就没法把它们都写出来吧！

开心博士　在笔记本上把几十行那么多位的数一个一个地写出来，那是很费劲的事。因此，如果能用简单的式子把质数表示出来就好了。从前的许多学者都对此做过研究。

罗伯特　是这样，如果能发现表示质数的规则就好了。

开心博士　著名学者费马曾研究出$2^{2^n}+1$这个表示质数的式子。这里的2的右肩上小写数字是什么意思以后再说吧！用这个式子当然比写出很长的数字简单多了。遗憾的是到了18世纪，瑞士学者欧雷洛发现，当$n=5$时，这个式子所表示的数不是质数。

后来，又有人发现当$n<41$时，可用n^2-n+41来表示质数。当$n<80$时，可用$n^2-79n+1\ 601$来表示质数。实际上，到目前为止，还没有发现能够表示任何质数的式子。

萨　沙　求很大很大的质数，用筛法也很费力，我们无法一个一个地把数写在纸上。

开心博士　现在用电子计算机来求质数。说到这儿，我想起来一个故事。以前曾有人考虑出到当时为止所能知道的最大质数是$2^{257}-1$。可是在1930年前后，有一位名叫黎曼的学者使用台式计算机进行验算，结果发现它不是质数。为了验证这件事，黎曼每天连续工作两小时，花费了整整一年的时间。可是21年后的1951年3月1日，一位叫鲁滨逊的学者，使用SWAC电子计算机，只用49 s就解决了这个问题。他也验证了这个数不是质数。

萨　沙　了不起！

开心博士　要寻找更大的质数，用电子计算机也相当费力。

数学世界探险记

1960年9月1日发现的到当时为止所能知道的最大的质数

$$2^{4423} - 1$$

285542542228279613901563566102164008326164238644702889199247
456602284400390600653875954571505539843239754513915896150297878 39
937705607143516974722110798879119820098847753133921428277201605 90
099045866862549908481573542248040902234429758835252600438389063 2
616124076317387416881148592486188361873904175783145696016919574 39
076559828018859903557844859107768367717552043407428772657800626 67
596159707595213278285556627816783856915818444364448125115624281 36
742490459363212810180276096088111401003377570363545725120924073 64
692157679714619938761929656030268026179011813292501232304644443 86
223088779246193737730124816816724244936744744885377701557830068 80
852648161513067144814790288366664062257274665275781127374649231 09
637500117090189078626332461957879573142569380577305611967758033 80
843333819875009029688319359130952698213111413223933564901784887 28
982288156282600813831296143663845945431144043753821542871277745 60
644785856415921332844358020642271469491309176271644704168967807 00
967735904298089096167504529272580008435003448316282970899027286 49
981994387647234574276263729694848304750917174186181130688518792 74
862261229334136892805663438446646326572476167275660839105650528 9
757138993202111214957953114279462545533053870678210676017687509 77
866100460014602138408448021225036890547937420030957220967329547 5
072171811553187131023105790260 8580607

这是在剧场的院里看到的。

开心博士　把$2^{4423}-1$写出来，就是上面这么大的数。

（小黑怪爬到附近的树上，站在一眼就能看到这个数的地方。它一位、两位……数起来。数着数着头一晕，眼一花，扑通一声从树上掉下来了。）

米丽娅　小黑怪，不要紧吧？

小黑怪　不怕，没关系。

在下表中，保留质数，把不是质数的数划掉。

101	102	103	104	105	106	107	108	109	110
111	112	113	114	115	116	117	118	119	120
121	122	123	124	125	126	127	128	129	130
131	132	133	134	135	136	137	138	139	140
141	142	143	144	145	146	147	148	149	150
151	152	153	154	155	156	157	158	159	160
161	162	163	164	165	166	167	168	169	170
171	172	173	174	175	171	177	178	179	180
181	182	183	184	185	186	187	188	189	190
191	192	193	194	195	196	197	198	199	200

301	302	303	304	305	306	307	308	309	310
311	312	313	314	315	316	317	318	319	320
321	322	323	324	325	326	327	328	329	330
331	332	333	334	335	336	337	338	339	340
341	342	343	344	345	346	347	348	349	350
351	352	353	354	355	356	357	358	359	360
361	362	363	364	365	366	367	368	369	370
371	372	373	374	375	376	377	378	379	380
381	382	383	384	385	386	387	388	389	390
391	392	393	394	395	396	397	398	399	400

第四幕　做质因数分解

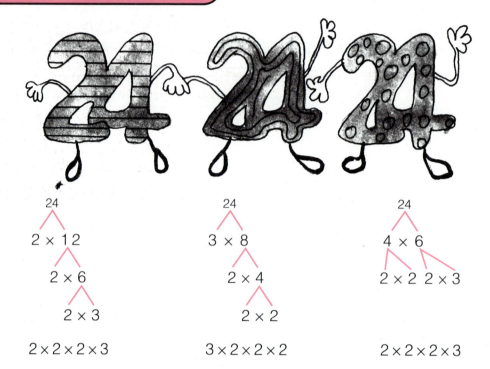

米丽娅　瞧，三个24一齐出场了。

（只见它们连续地转圈，使用了三个不同的变身法。）

罗伯特　左边的24变身为

$2 \times 12 = 2 \times 2 \times 2 \times 3$

米丽娅　中间的24变身为

$3 \times 8 = 3 \times 2 \times 2 \times 2$

萨　沙　右边的24变身为

$4 \times 6 = 2 \times 2 \times 2 \times 3$

开心博士　当一个自然数能够分解为几个质数连乘积时,这些质数叫做这个自然数的质因数。把自然数分解为质因数连乘积时叫做质因数分解。

米丽娅　三个24为我们做了质因数分解的表演。

开心博士　无论怎样分解，结果都是

$2 \times 2 \times 2 \times 3$

罗伯特　24的质因数是2和3。

开心博士　把某数分解为几个质因数连乘时，中间的分解过程可以不同，但最后结果一定是相同的。因此，自然数分解为几个质因数连乘时，尽管方法不同，但结果是一样的。在这里再强调一下，不要把1当作质数。假如把1当作质数，那么，比如$6=2\times3=1\times2\times3=1\times1\times2\times3=\cdots$，到什么时候也不能终止，因此，不能把1列为质数的集合。

乘方和指数

开心博士 像 $2×2×2$ 或者 $3×3×3×3$ 这样，求几个相同的数的积的运算叫做乘方。对于乘方大家要好好掌握。把 $2×2×2$ 记作 2^3，读作"2的3次方"，把 $3×3×3×3$ 记作 3^4，读作"3的4次方"。这个2的右肩上小写的3，3的右肩上写的小4，代表相乘的数的个数，叫做指数。

米丽娅 $24=2^3×3$。

罗伯特 刚才在剧场的院里看到了质数 $2^{4\,423}-1$。它是2的4 423次方再减1，也就是4 423个2相乘的积再减去1。

大块头 怎么计算这个数呢？

开心博士 啊?对于大的数，你大块头不是最有本事的吗?怎么还问别人?大家都能想到，乘积

$2×2×2×2×2×2×2×2×2×2×2×2×2×2$

占很大地方，如果写成 2^{14}，那就简单多了。

开心博士 再说明一点，由于乘方的指数是1时，和原来的数相同，所以不用写。例如，3^1，7^1，干脆就写成3，7。

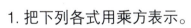

1. 把下列各式用乘方表示。
   ① $3×3×3×3×3$ ② $5×5×5$
   ③ $7×7×7×7$ ④ $10×10×10×10$

2. 计算下面各乘方。
   2^3　4^5　6^2　7^4
   $2^2×3^2$　$3×5^2$　$0×10^2$
   $1×7^3$　$4^3×8^2$

3. 把下面各数分解为质因数连乘积，使用乘方表示。

16	18
81	625
32	64
72	125
360	343

第五幕 最大公约数、最小公倍数的求法

往舞台上看，24，36和60出场了。如果对这三个数做质因数分解，那么，$24=2^3\times 3$，$36=2^2\times 3^2$，$60=2^2\times 3\times 5$，从这里可以很清楚地看到，这三个数的最大公约数是12。

萨沙 从24，36和60的质因数分解的结果可以看出，它们都是由

$24=2^3\times 3$	2	2	2	3
$36=2^2\times 3^2$	2	2	3	3
$60=2^2\times 3\times 5$	2	2	3	5

共同的因数相乘
$2\times 2\times 3=12$
12是最大公约数。

2，3，5搭配出来的。像上表那样，把三个数的共同的因数编组在一起。

米丽娅 共同的因数2有两组，共同的因数3有一组。还可以看出在24的质因数分解中多一个2，在36的质因数分解中多一个3，在60的质因数分解中多一个5。

罗伯特 在各数的质因数分解式中，把共同的质因数相乘，其积就是最大的共同的因数，也就是最大公约数。

米丽娅 这三个数的最大公约数就是

$2\times 2\times 3=12$

开心博士 从上面的表中可以看到，共同的2有两组，在质因数分解中，2的指数是2。共同的3有一组，在质因数分解中，3的指数是1。

所以，用求共同质因数乘积的办法求最大公约数时，取共同的质因数中指数最小的，所以24，36和60的最大公约数是$2^2\times 3^1=12$。

萨　沙　请看下面的三个式子，等号右边都是360，这是什么意思呢？

开心博士　对萨沙提出的问题，你们可要仔细地考虑哟。

罗伯特　我说那是在求最小公倍数。

$$24 \times (3 \times 5) = 360$$
$$36 \times (2 \times 5) = 360$$
$$60 \times (2 \times 3) = 360$$

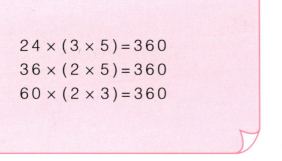

$24 = 2^3 \times 3$
$36 = 2^2 \times 3^2$
$60 = 2^2 \times 3 \times 5$

在空格的位置填上适当的数就可以求出最小公倍数

罗伯特　在24后面的空格里分别填上3和5，得24×(3×5)=360(其中，3是前面分组时，36那一行剩下的那个3，5是60那一行剩下的那个5)。

在36后面的空格里分别填上2和5，得36×2×5=360(其中，2是前面分组时，24那一行剩下的那个2，5是60那一行剩下的那个5)。

在60后面的空格里分别填上2和3，得36×2×3=360(其中，2是前面分组时，24那一行剩下的那个2，3是36那一行剩下的那个3)。

这个360就是最小公倍数。

开心博士　对，由上表可以知道：

2有三组，在质因数分解中，2的指数最大是3；

3有两组，在质因数分解中，3的指数最大是2；

5有一组，在质因数分解中，5的指数最大是1。

所以，求最小公倍数时，要取所有的质因数的指数最大的。所以，24，36和60的最小公倍数是$2^3 \times 3^2 \times 5 = 360$。

萨　沙　看来用质因数分解法既能很快地求出最大公约数，又能很快地求出最小公倍数啊。

1. 用质因数分解法，求下列各组数的最大公约数。

例1 (60，72)

$$60=2^2\times 3^1\times 5^2$$
$$72=2^3\times 3^2$$

共同质因数 $2^2\times 3^1$

最大公约数=$2^2\times 3^1$

答 (60，72)=12

例2 (6，24，30)

$$6=2\times 3$$
$$24=2^3\times 3$$
$$30=2\times 3\times 5$$

最小公倍数=2×3

答 (6，24，30)=6

2. 用质因数分解法，求下列各组数的最小公倍数。

例1 [18，60]

$$18=2^1\times 3^2$$
$$60=2^2\times 3^1\times 5$$

指数最大的 2^2 3^2 5^1

最小公倍数=$2^2\times 3^2\times 5^1=$
$4\times 9\times 5=$
180

答 [18，60]=180

例2 [18，24，30]

$$18=2^1\times 3^2$$
$$24=2^3\times 3^1$$
$$30=2^1\times 3^1\times 5^1$$

最小公倍数=$2^3\times 3^2\times 5^1=$
$8\times 9\times 5=$
360

答 [18，24，30]=360。

① (24，36)　② (60，84)
③ (36，72)　④ (40，60)
⑤ (45，27)　⑥ (70，84)
⑦ (15，90)　⑧ (50，30)
⑨ (10，50，40)　⑩ (12，14，15)
⑪ (45，50，70)　⑫ (49，28，35)

① [4，6]　② [8，18]
③ [20，80]　④ [28，49]
⑤ [27，28，30]　⑥ [12，18，24]
⑦ [6，9，18]　⑧ [45，50，70]

去年的今天是星期几?

去年的今天是星期几? 10年前的今天是星期几? 即使没有日历也能知道。

(数的魔术师一边说一边推出一个大七棱柱。)

另外,去年的某月某日是星期几,不用日历你能正确地算出来吗?

(这个七棱柱起什么作用呢?)

数学世界探险记

七棱柱的魔术师 你们好啊,小同学们!你们在数的王国进行探险,有很大收获吧!这回我给你们出一个更难一点的问题。今年(1973年)的3月1日是星期四,那么去年也就是1972年的3月1日是星期几呢?

罗伯特 糟糕!去年的日历让我扔掉了。如果还在手上的话,马上就可以知道去年3月1日是星期几了。

胖噜噜 喂,大块头!你衣袋里不是有去年的日历吗?我记得那上面的富士山的照片特别漂亮。那日历过时了,可你还经常带在身上。

大块头 有,有。不过那可是去年7月份的日历,那上面有倒映在湖水里的富士山的照片。

米丽娅 有了它也不好办。如果从7月份倒着数到3月份,那也是很费劲的啊!

嘟嘟 既然都是3月1日,那么今年的3月1日是星期四,去年的3月1日也是星期四吧!假如不是星期四,那我就不动脑筋去想了,还是睡觉吧!

萨沙 是不是星期日呀?要不然是星期一……

魔术师 如果胡说乱猜,即使碰对了,也不算数,还是好好考虑考虑吧!

罗伯特 先做出一个今年2月份的日历,再做出今年1月份的日历,接着再做去年12月份的日历。如果能做出12个月的日历,答案不就出来了吗?

米丽娅 那太费工夫了。

罗伯特 3月1日是星期四,2月28日是星期三,27日是星期二,26日是……这与7进法有关吧?

米丽娅 对。1日是星期四,8日和15日也是星期四。总之,每隔7天有一个星期四。

1973年		2月				
日	一	二	三	四	五	六
				1	2	3
4	5	6	7	8	9	10
11	12	13	14	15	16	17
18	19	20	21	22	23	24
25	26	27	28			

把细绳缠在七棱柱上

魔术师 怎么样?经过仔细考虑,找到解决问题的思路了吧!不动脑筋不行。好,给你们提示一下吧!你们仔细看看这个透明的七棱柱和这条细绳。

把这条做了记号的细绳缠在七棱柱上。是星期三的

$$\cdots, -7, 0, 7, 14, 21, \cdots$$

都排在同一条棱上。看见了吧!是星期六的

$$\cdots, -4, 3, 10, 17, \cdots$$

也都排在同一条棱上。如果你们都看明白了,那么你们算一算。比如,13日是星期二,那么27日是星期几?米丽娅,你算一下。

米丽娅 (突然听到叫她的名字,显得有些慌张。)嗯,从13起,每增加7……嗯,计算一下27和13的差,即

$$27-13=14=7 \times 2$$

14能被2整除,所以27日和13日一样,都是星期二。

魔术师 13日是星期二,那么29日是星期几?

米丽娅 因为 $29-13=16=7 \times 2+2$,余2天。所以应该是星期二向后移两天。也就是说,13日是星期二,29日是星期四。

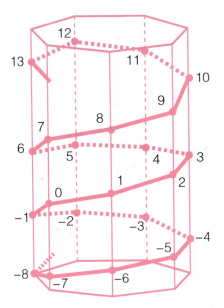

日 {4, 11, 18, 25, …}
一 {5, 12, 19, 26, …}
二 {6, 13, 20, 27, …}
三 {7, 14, 21, 28, …}
四 {1, 8, 15, 22, …}
五 {2, 9, 16, 23, …}
六 {3, 10, 17, 24, …}

以今天为0做一张表

七棱柱的魔术师 我以(1973年3月1日(星期四)为中心,做了一张表。一看这张表就知道3月3日是星期六。

					2月	3月						
23日	24日	25日	26日	27日	28日	1日	2日	3日	4日	5日	6日	7日
五	六	日	一	二	三	四	五	六	日	一	二	三
-6	-5	-4	-3	-2	-1	0	1	2	3	4	5	6

下面再计算一下看看,3-1=2, 2不够被7除,看做余2。所以应该由星期四往后移两天。这样3月3日是星期六。好,参照这张表,求一下随便的哪一天是星期几吧!

魔术师 1973年10月3日是星期几?

```
        1973年10月3日
3月................31-1=30日
4月...................=30日
5月...................=31日
6月...................=30日
7月...................=31日
8月...................=31日
9月...................=30日
10月..................= 3日 +
                     216日
```

魔术师 再算一下1973年3月1日之前的某一天是星期几吧!注意,往前推算某天是星期几时,应根据余数在表的负的方向上找。好!请计算一下1972年10月3日是星期几?

```
        1972年10月3日
2月...................=28日
1月...................=31日
12月..................=31日
11月..................=30日
10月.............31-2=29日 +
                     149日
```

罗伯特 3月份是31-1=30(天),所以3月份+4月份+5月份+…+9月份+10月份的3天,共216天。除以7,得30余6。一看表,在星期三的地方写着6,所以这一天是星期三。

魔术师 请考虑一下明年也就是1974年的3月1日是星期几?

米丽娅 从3月2日开始数到明年3月1日,正好是365天,除以7得52余1,一看表就知道是星期五。

萨沙 2月份是28天,1月份是31天……再加上10月份的29天(10月3日必须算在内,所以要减去10月3日的前两天),一共是149天,用7除,得21余2。从表上看,这一天是星期二。

魔术师 大家还记得我在开始时(第82页)提出的那个难题吧,1972年3月1日是星期几,现在你能很快地算出来了吗?

大块头诞生日是星期几？

我出生在1961年7月27日，1973年生日那天是星期五。那么请问我出生那天是星期几？

萨沙　哎，求12年前的一天是星期几，一听就知道很麻烦。

罗伯特　不麻烦！一年是365天，把365天扩大12倍，再把得数除以7，不就可以算出来了吗？

萨沙　可是，12年中有闰年啊！

罗伯特　对呀！差一点忘了，闰年是366天。

21日	22日	23日	24日	25日	26日	1973.7 27日
六	日	一	二	三	四	五
-6	-5	-4	-3	-2	-1	0

```
                 1961年7月27日
1973年--------1月1日~7月26日--------207日
1972年（闰年）----365日+1日--------366日
1971年------------------------365日
1970年------------------------365日
1969年------------------------365日
1968年（闰年）----365日+1日--------366日
1967年------------------------365日
1966年------------------------365日
1965年------------------------365日
1964年（闰年）-----365日+1日-----366日
1963年------------------------365日
1962年------------------------365日
1961年-----7月27日~12月31日-----158日
                                      4 383日
```

罗伯特　看这张表，把365×12再加上闰年的3天不就行了吗？

萨沙　365×12+3=4 383(天)。

罗伯特　再除以7，4 383÷7=626余1。

萨沙　因为是往前推算，要看表上的-1，噢，是星期四。喂，大块头，你是星期四出生的吧！

大块头　对，了不起！我很高兴。

高岗地区的路线图

又有一个魔术师出来了。

以9为周期的魔术师 现在以9为周期做转圈游戏。

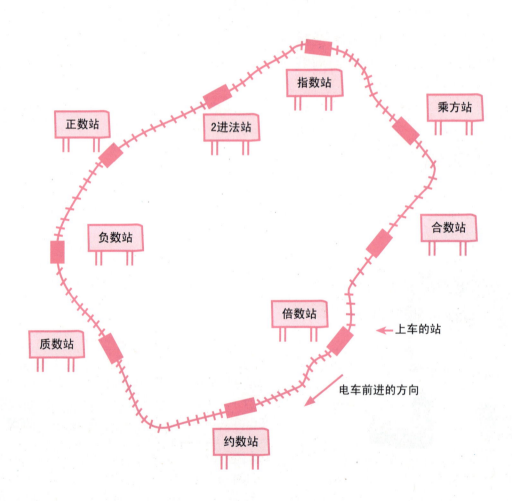

魔术师 这是数的王国的高岗地区的路线图。方才,有位司机按顺时针路线从倍数站出发了。他告诉别人他要在第129站下车。那么,他要在哪一站下车?

胖噜噜 这回让我来做。

大块头 不,我来做。嗯,总共有9站。我看,用129÷9就能得出答案。因为,倍数站是第1站,约数站是第2站,质数站是第3站,所以司机要在质数站下车。

魔术师 很抱歉,你没说对。

胖噜噜 你看,还不如我做呢!

倍数站	约数站	质数站	负数站	正数站	2进法站	指数站	乘方站	合数站
0	1	2	3	4	5	6	7	8
9	10	11	12	13	14	15	16	17
18	19	20	21	22	23	24	25	26

大块头　怎么错了呢？

（大块头边摇头边思考。）

米丽娅　胡来可不行，还是列个表看起来方便。(米丽娅列出了表)你们看，第9站不就是转了一圈又回到原来的倍数站了吗？第9站÷9=1，余0，也就是被9整除了。余1时，是约数站，余2时，是下一站，即质数站……

罗伯特　129÷9，大块头计算的结果是14余3。所以，一看表，就知道司机下车的站是负数站。

发明了同余式的高斯

开心博士　你们做了一次相当难的数学游戏。解决这种问题的理论依据就是同余式，详细内容要到中学时才能学到。

米丽娅　刚才接触的星期几啦，电车站啦这样的问题，它们是以7啦，9啦作为周期的。这都是转着圈数数的问题。

开心博士　是这样。我们把按一定周期重复出现的现象叫做周期现象。同余式就是利用整数解这种周期现象问题的一种方法。

萨　沙　是谁最先想起这种有趣的事呢？

开心博士　发明这个同余式的是学者高斯。高斯从小就很爱好数学。上小学时，老师指出了一个把1到40的数加起来的问题，高斯很快就得出了答案。

萨　沙　从1加到40，不就是1+2+3+…+40吗？

罗伯特　不用算盘是不能很快地算出来的。

开心博士　不，不。有又简单又快的计算方法。高斯在计算1+2+…+40时，不是一个一个地由1加到40。他把1和40、2和39、3和38……一对一对地加起来，这样就有20个41。把41和20相乘，得820，就是所求的答案。

罗伯特　计算要快，但掌握数的规律更重要。

1. 下表给出了人造卫星发射成功的年月日。请你计算一下，这些日子分别是星期几？

	人造卫星名称	发射国	人造卫星特点	发 射 日 期	星期
1	旅行者1号	前苏联	第1颗人造卫星	1957年10月4日	
2	东方1号	前苏联	第1颗载人卫星	1961年4月12日	
3	联盟4号	前苏联	对接改乘成功	1968年1月15日	
4	阿波罗11号	美 国	第1次在月球着陆	1969年7月16日	
5	阿波罗15号	美 国	宇航员在月球表面从事66小时36分活动	1971年7月26日	

以1973年为起点
1973年1月15日……星期一
1973年4月12日……星期四
1973年7月16日……星期一
1973年7月26日……星期四
1973年10月4日……星册四

2. 1974年1月1日是星期二，那么下面各年的1月1日是星期几？
①1960年1月1日
②1964年1月1日
③1968年1月1日
④1970年1月1日
⑤1981年1月1日
⑥1984年1月1日
⑦1985年1月1日

3. 一天，某地举行了贪吃人大会，参加比赛的人轮番吃这六种食品：中国汤面、意大利挂面、带馅面包、素烧牛肉、油炸荞面面条、饭团子。参赛人的成绩如下表。那么，每人最后吃的那种食品是什么呢？

	人	吃的次数		人	吃的次数
第1位	A	238	第4位	D	135
第2位	B	207	第5位	E	100
第3位	C	199	第6位	F	77

哪个数能被9整除

① 9) 927　　② 9) 786　　③ 9) 65 876

④ 9) 10 101 010　⑤ 9) 111 111 111　⑥ 9) 765 432 123

⑦ 9) 888 776　⑧ 9) 5 671 234　⑨ 9) 92 718 635 481

(以9为周期的魔术师拿来这块写着算式的黑板干什么?)

魔术师　请你们在这些算式中找出哪个数能被9整除。如果不能被9整除,请指出余数是多少?

萨　沙　好吓人的数啊!算这样的9道题烦死人啦。

(不光是萨沙,大家都感到厌烦。爱好数学的罗伯特长叹了一口气。)

大块头　哪有这么出题的?谁有那么多工夫?

魔术师　好了,好了,请大家安静。大家说的也有一定道理。如果一个一个地计算,的确很费时间。实际上,不用详细地算也能知道哪个式子能被9整除。

大块头　不详细计算怎么能知道呢?

萨　沙　这几道题都是被9除,这是怎么回事呢?好像里面有点文章。

魔术师　第9个式子中,92718635481能被9整除。

萨　沙　用什么巧妙的方法才能知道哪个能被9整除呢?

89

数学世界探险记

魔术师揭开了秘密

以9为周期的魔术师 我们来揭开这个秘密吧！考察一个数能不能被9整除，不做详细计算，而用下面的方法就能判定。把要考察的数的所有数字加起来，看这个和能不能被9整除。如果这个和能被9整除，这个被考察的数一定能被9整除。下面的第一题，786不能被9整除；第二题，927能被9整除。

萨沙 （实际计算以后）真神了，像变戏法一样。

$9\overline{)786}$ → 7+8+6=21 → 2+1=3

$9\overline{)927}$ → 9+2+7=18 → 1+8=9

```
        8 7              1 0 3
    9 ) 7 8 6        9 ) 9 2 7
        7 2              9
        ─────            ─────
          6 6              2
          6 3              0
        ─────            ─────
            3              2 7
                           2 7
                         ─────
                             0
```

米丽娅 开心博士，请教给我们为什么可以这样做吧！

开心博士 这也是以9为周期的同余式的问题。其中的道理，对你们来说也许不能弄得清楚。但是，不太明白也不要气馁，因为你们都很爱好数的游戏，所以我还是大概地说明一下吧！

如果以9为周期转圈的话，10应该余1，100也应该余1，1 000同样也应该余1。考察786能不能被9整除，由于

786=7×100+8×10+6=
　　7×(99+1)+8×(9+1)+6

去掉7×99+8×9这个能被9整除的部分以后，就剩下7×1+8×1+6了。

因此，只须考虑这个结果能不能被9整除就行了。由于

7+8+6=21

显然21不能被9整除，因此786不能被整除。

怎么样，明白了吧！

惊人的乘法检验法

$$2\ 145\ 893 \times 470\ 825$$

以9为周期的魔术师　这一回做乘法运算吧！米丽娅、罗伯特！你们来做这道题，把答案写出来。

米丽娅　这么大的两个数相乘啊！

罗伯特　如果在什么地方算错了，都不容易发现。

米丽娅的答案

1010340071725

罗伯特的答案

1010340071625

$2\ 145\ 893$ …→$2+1+4+5+8+9+3=$
$\times\ 470\ 825$ 32…→$3+2=5$……①
             $4+7+0+8+2+5=$
             26…→$2+6=8$……②
①×②
             $5\times 8=40$…→$4+0=4$

米丽娅的答案
1010340071725
…………→$1+0+1+0+3+4+0+0+$
         $7+1+7+2+5=$
         31…→$3+1=4$

罗伯特的答案
1010340071625
…………→$1+0+1+0+3+4+0+0+$
         $7+1+6+2+5=$
         30…→$3+0=3$

米丽娅的答案正确，罗伯特的答案不正确。

米丽娅　我和罗伯特的答案不一样，相差100，谁做错了！

魔术师　大家检验一下，看看谁的答案正确。我计算过了，这两个答案中有一个是正确的。

萨　沙　还要从头再算一遍吗？即使再算一遍，也许还会出错。

大块头　那有多麻烦啊！

魔术师　不用再算一遍，用不了10 s就可知道罗伯特的答案不正确。像左边那样，分别把两个乘数的所有数字相加，再把这两个和相乘，所得的积如果与两乘数的积的所有数字之和不相等，这个答案就一定是错误的。根据这个道理就可以判定罗伯特的计算是错误的，而米丽娅的计算是正确的。

大　家　太棒啦！

魔术师　这种方法叫做弃九法。这是很早以前就有的一种检验法。

判断缺口处的数字

（小黑怪又使坏心眼了。它又是舐又是咬地，把算术书弄出一个大缺口。）

小黑怪 这儿被我咬坏了，你们知道这儿应该是什么数吗？

萨 沙 小黑怪这家伙，又给我们出难题了。

米丽娅 乘积里的百位数字被咬掉了。

$237 \cdots \to 2+3+7=12 \cdots \to 1+2=3$

$\times 386 \quad 3+8+6=17 \cdots \to 1+7=8$

$3 \times 8 = 24 \cdots \to 2+4=6 \cdots ①$

$91x82 \cdots\cdots \to 9+1+x+8+2 =$

$20+x \cdots\cdots \to 2+0+x =$

$2+x \cdots\cdots ②$

$① = ②$

$6 = 2+x, \quad x = 4$

罗伯特 好不容易学会了弃九法，就用它来解决这个问题吧！

萨 沙 好主意！像左边那样，把237变为$2+3+7=12\to1+2=3$。把386变为$3+8+6=17\to1+7=8$。因为$3\times8=24$，再把24变为$2+4=6$。

罗伯特 再看答案，设缺口部分的数字为x。这样，由$91x82$可写出$9+1+x+8+2=20+x$。

米丽娅 再把$20+x$变为$2+0+x$。由于$2+x=6$，一算就知道，$x=4$。缺口处的数字是4。

萨 沙 实际地计算一下273×368，得91 482，积里的百位数字确实是4。

1. 下列各数哪个能被9整除？如不能被9整除，余数是多少？

 例 9)874 325

 8+7+4+3+2+5=
 29……2+9=11……→1+1=2

 答 { 不能被9整除，余数为2。

 ① 9)35 721
 ② 9)6 666 666
 ③ 9)98 765
 ④ 9)432 432
 ⑤ 9)131 313
 ⑥ 9)499 723
 ⑦ 9)9 192 939 291
 ⑧ 9)785 642 139

2. 用弃九法判定下列各题的答案中哪个是不正确的。

 ① 213×222=47 286
 ② 3 241×123=398 643
 ③ 12 345×4 321=53 242 745
 ④ 120×324=3 808
 ⑤ 326×241=77 566
 ⑥ 12 345 679×54=666 666 666
 ⑦ 96 024×2 805=269 347 320
 ⑧ 74 689×6 734=502 755 726
 ⑨ 111 122×22 211=2 468 132 442
 ⑩ 77 777×77 777=6 049 261 729
 ⑪ 33 334×33 334=1 111 155 556

3. 用弃九法计算缺口处的数字。

 24×312=7□88   486×29=1□094
 777×77=59□29   81×694=5□214
 9999×8888=88□71112
 12345678×81=9999999□8
 1111×1111111=1234□44321

数学世界探险记

小数和分数

$$\frac{137\ 174\ 210}{1\ 111\ 111\ 111}=0.1234567890123456789\ldots$$

分数魔术师和小数魔术师，一摇动手中的魔棍，分数就变成了小数。一看便知，在这些小数中，开始出现的是按从0到9这个顺序排列着的10个数字，接下去是这10个数字原封不动地不断地重复下去，永远没有完结。

知道把分数化为小数的方法吗？这个问题在第3册《恼人的小数分数》中已经探讨过了。$\frac{a}{b}$ 使用 $\frac{a}{b}=a\div b$，就可以把分数化为小数。这很简单，很简单。那么，就请把下面三个分数化为小数吧！

米丽娅 因为 $\frac{2}{5}=2\div 5$，所以，一算 $2\div 5$ 便知，$\frac{2}{5}=0.4$。简单。

萨 沙 魔术师提出的问题马上就解决了。

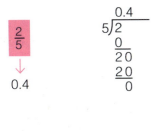

萨 沙 把 $\frac{3}{8}$ 化为小数。计算 $3\div 8$，嗬，除到小数点后第3位就结束了。只用了不一会的时间。

罗伯特 我预料魔术师提出的问题会越来越难。

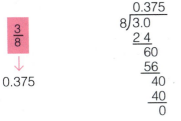

罗伯特 奇怪呀！把 $\frac{1}{7}$ 化成小数，计算 $1\div 7$，除到什么时候也没有尽头啊！看，都计算到小数点后第18位了，还没有完结：
0.142 857 142 857 142 857…

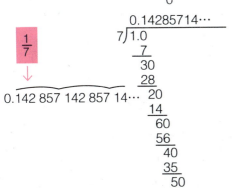

萨 沙 小数点后面先出现142 857，接着又是142 857，总是这几个数反复循环，无论计算到什么时候也没有完结。

嘟 嘟 除不尽就不要再做了，算了吧！

循环小数

开心博士 啊，罗伯特!这是一个永远也除不尽的分数。这种情况，在第3册《恼人的小数分数》中已经遇到过了。像 $\frac{1}{7}$=0.142857…这样的小数点后的数无限地循环下去的小数叫做无限小数。与此相反，像0.7，0.83这样的小数叫做有限小数。

在把 $\frac{1}{7}$ 化为小数的除法中，因为余数要比除数小，所以所得余数一定会在某个时候再次出现。实际上，看一下前一页的计算就知道，在运算过程中，余数是3，2，6，4，5，1。这个1和开始时被除数1相同。所以，从这个地方起，商中的数字重复出现。所以，把 $\frac{1}{7}$ 化为小数，得

$\frac{1}{7}$=0.142 857 142 857 142 857…

在小数点的后面反复出现142 857。

像这样的小数叫循环小数。循环小数可以这样来表示：只写一遍反复出现的那部分数字，但在两端的数字上要点上"·"。例如

$\frac{1}{7}$=0.142 857 142 857…=0.$\dot{1}$42 85$\dot{7}$

$\frac{1}{3}$=0.333 3…=0.$\dot{3}$

$\frac{5}{6}$=0.833 3…=0.8$\dot{3}$

1. 化下列分数为小数。

$\frac{3}{7}$	$\frac{4}{7}$	$\frac{5}{7}$	$\frac{6}{7}$	$\frac{22}{7}$	$\frac{1}{10}$	$\frac{1}{11}$	$\frac{1}{12}$	$\frac{1}{13}$	$\frac{1}{14}$
$\frac{1}{9}$	$\frac{2}{9}$	$\frac{4}{9}$	$\frac{5}{9}$	$\frac{7}{9}$	$\frac{1}{15}$	$\frac{1}{16}$	$\frac{1}{17}$	$\frac{1}{18}$	$\frac{1}{19}$
$\frac{1}{4}$	$\frac{3}{4}$	$\frac{5}{4}$	$\frac{7}{4}$	$\frac{9}{4}$	$\frac{3}{25}$	$\frac{3}{32}$	$\frac{10}{99}$	$\frac{1}{100}$	$\frac{9}{64}$
$\frac{1}{6}$	$\frac{5}{6}$	$\frac{7}{6}$	$\frac{13}{6}$	$\frac{11}{6}$	$\frac{41}{43}$	$\frac{7}{60}$	$\frac{22}{9}$	$\frac{355}{113}$	$\frac{22}{5}$
$\frac{4}{3}$	$\frac{5}{3}$	$\frac{7}{3}$	$\frac{8}{3}$	$\frac{10}{3}$	$\frac{101}{103}$	$\frac{11}{70}$	$\frac{19}{81}$	$\frac{1}{1\,000}$	$\frac{100}{19}$

化小数为分数

小数魔术师 像$0.4+\frac{1}{6}=\frac{4}{10}+\frac{1}{6}=\frac{12}{30}+\frac{5}{30}=\frac{17}{30}$这样的小数和分数的加法,你们已经学过了。因为分数不一定都能化成有限小数,所以,一般地,在做这种计算时,是把小数化为分数后再进行计算。那么,下面看看如何把小数化为分数吧!

2.45

↓

$\frac{49}{20}$

$2.45 = 2 + \frac{4}{10} + \frac{5}{100} =$
$\frac{245}{100} = \frac{49}{20}$

米丽娅 把整数1平均分成10,100,1 000,…份,得到的十分之一、百分之一、千分之一……用小数表示就是0.1,0.01,0.001,…所以,在把小数化为分数时,取分母为10,100,1 000,…就行了。

如$2.45 = 2 + \frac{4}{10} + \frac{5}{100} = \frac{245}{100}$。

0.401

↓

$\frac{401}{1\,000}$

$0.401 = \frac{0.401}{1.000} = \frac{401}{1\,000}$

萨 沙 约分后为$\frac{49}{20}$。

罗伯特 0.401就是$\frac{401}{1\,000}$,不能约分了。
萨 沙 这是无限循环小数啊。
米丽娅 这个0.36,就 0.363 636……
萨 沙 那么它不能化为分数吧?你们看

0.36

↓

?

$\frac{3}{10} + \frac{6}{100} + \frac{3}{1\,000} + \frac{6}{10\,000} + \cdots$

这要无限的继续下去呀!
罗伯特 这就不好办了。总是不断地继续下去,没完没了,我看这样的小数不能化成分数。
(正在大家感到为难的时候……)

化循环小数为分数

胖噜噜 我头脑里忽然闪出一个解决问题的办法。

(在大块头衣服上的口袋里,盯看着大家的胖噜噜突然大声喊起来。)

胖噜噜 我处理小数还是有拿手的。(胖噜噜抽动着鼻子,显出很得意的样子。)方才罗伯特的话倒是提醒了我。既然这个小数是循环小数,那么把循环部分去掉不就行了吗?

罗伯特 那可怎么去掉呢?

胖噜噜 这么办不行吗?把 $0.3636\cdots$ 考虑为 r,即 $r=0.3636\cdots$ 把它扩大100倍,于是 $100r=36.3636\cdots$ 从 $100r$ 中减去 r,就成为 $99r=36.000\cdots$ 所以,$r=\frac{36}{99}$。再把它约分。至于得多少,我就不管了,谁接着做下去吧!

罗伯特 分子、分母同时被9除就可以了。这样 $\frac{36}{99}=\frac{4}{11}$。这就是说,$0.\dot{3}\dot{6}=\frac{4}{11}$。应该说,这个问题全部是由胖噜噜解决的。

米丽娅 数是不可思议,太有趣了。化循环小数为分数的方法,简直像演杂技那样巧妙!

$0.363636\cdots$

化为分数时,去掉这部分

设 $r=0.363636\cdots$

$$\begin{aligned}100r&=36.363636\cdots\\-\quad r&=0.363636\cdots\\\hline 99r&=36.0\end{aligned}$$

$$r=\frac{\overset{4}{\cancel{36}}}{\underset{11}{\cancel{99}}}=\frac{4}{11}$$

答 $0.\dot{3}\dot{6}=\frac{4}{11}$

1. 化小数为分数，化分数为小数。
   ① 0.7　　② 0.15　　③ 1.02　　④ 0.008　　⑤ 2.3　　⑥ 4.09
   ⑦ 3.012　⑧ 13.38　⑨ 10.002　⑩ 9.9998　⑪ 136.1
   ⑫ $\frac{3}{4}$　⑬ $\frac{43}{7}$　⑭ $\frac{7}{8}$　⑮ $\frac{2}{3}$　⑯ $\frac{9}{7}$　⑰ $\frac{12}{17}$　⑱ $\frac{1}{77}$

2. 化循环小数为分数。

   例1　$0.\dot{3}$
   设 $r = 0.333\cdots$
   那么
   $10\,r = 3.333\cdots$
   $-\underline{\quad r = 0.333\cdots}$
   $9r = 3.0$
   $r = \frac{3}{9} = \frac{1}{3}$
   答　$0.\dot{3} = \frac{1}{3}$。

   例2　$0.2\dot{3}1\dot{4}$
   设 $r = 0.231\,431\,431\,4\cdots$
   那么
   $1\,000\,r = 231.431\,431\,4\cdots$
   $-\underline{\quad r = 0.231\,431\,4\cdots}$
   $999\,r = 231.2$
   $r = \frac{231.2}{999} = \frac{2\,312}{9\,990} = \frac{1\,156}{4\,995}$
   答　$0.2\dot{3}1\dot{4} = \frac{1\,156}{4\,995}$。

   ① $0.\dot{1}$　　② $0.17\dot{6}$　　③ $0.\dot{5}$　　④ $1.8\dot{3}$　　⑤ $0.\dot{2}46\,8\dot{2}$
   ⑥ $0.5\dot{4}$　　⑦ $0.6\dot{5}\dot{4}$　　⑧ $0.90\dot{0}$

奇怪的 $\frac{1}{17}$

$\frac{1}{17} = 0.\underset{①}{\underline{058\,823\,529\,411\,764\,7}}\dot{}$
$\phantom{\frac{1}{17} = 0.}\underset{②}{}$

①+②
$05\,882\,352$
$\underline{+\,94\,117\,647}$
$99\,999\,999$

$\cdots\cdots$ ③

把③扩大1倍、2倍、3倍……9倍后，
再把它们扩大17倍。

③ × 1 × 17 = 1111111111111111
③ × 2 × 17 = 2222222222222222
③ × 3 × 17 = 3333333333333333
③ × 4 × 17 = 4444444444444444
③ × 5 × 17 = 5555555555555555
③ × 6 × 17 = 6666666666666666
③ × 7 × 17 = 7777777777777777
③ × 8 × 17 = 8888888888888888
③ × 9 × 17 = 9999999999999999
（你们再算一下。）

数学世界探险记

什么数的二次方等于2?

米丽娅　多亏来数的王国探险，不然，怎能知道这么多数的性质！

鹦　鹉　米丽娅，你不是有点想妈妈了吗？

米丽娅　是有点想妈妈。不过，由于学到了这么多东西，所以我还觉得心情很好。

萨　沙　我们回忆一下，到现在为止，都掌握了一些什么数以及和数有关的知识。

罗伯特　懂得了负数、各种进位法、小数和分数的关系，还懂得了循环小数。

萨　沙　那么，会把 $\frac{2}{7}$ 化为小数吗？

米丽娅　这是萨沙出的智力测验题吧！用7做分母的分数不多见。

罗伯特　经计算
$$\frac{2}{7}=0.285\,714\,28\cdots$$
这是循环小数。
$$\frac{2}{7}=0.\overline{285\,714}$$

(探险队员正在兴高采烈地谈论着。突然，小黑怪跳出来了。)

小黑怪　喂！你们才掌握多少东西！告诉你们，你们不知道的数还多着呢。不信，试试回答我提出的问题：一个数的二次方等于4，这个数是几?当然指的是正数。

萨　沙　设这个数为a，那么
$$a^2=a\times a=4$$
所以$a=2$，简单。

小黑怪　慢，真正的问题从现在开始。一个数的二次方等于2，这个数是几?

罗伯特　求$a^2=2$中的a?

如果$a=1$，那么$1\times1=1$，不等于2。

萨　沙　是1和2之间的某个数吧！

米丽娅　这么说，一定是小数或分数啰！

（什么数的二次方等于2?）

$a=1.5$
　　$1.5\times1.5=2.25$ ⎫
$a=1.4$　　　　　　　　⎬ $2.25>2>1.96$
　　$1.4\times1.4=1.96$ ⎭ $1.5>a>1.4$

$a=1.45$
　　$1.45\times1.45=2.1025$ ⎫
$a=1.41$　　　　　　　　　⎬ $2.1025>2>1.9881$
　　$1.41\times1.41=1.9881$ ⎭ $1.45>a>1.41$

$a=1.415$
　　$1.415\times1.415=2.002225$ ⎫
$a=1.414$　　　　　　　　　　⎬
　　$1.414\times1.414=1.999396$ ⎭

　　　　　$2.002225>2>1.999396$
　　　　　$1.415>a>1.414$

萨　沙　取 a 为1和2之间的数，等于1.5行吗？

罗伯特　$1.5\times1.5=2.25$．比2大。再取小一点的数吧！

米丽娅　取 $a=1.4$ 怎么样？

罗伯特　$1.4\times1.4=1.96$，比2小。

萨　沙　取 a 为1.4和1.5之间的数，取1.45看看怎么样？

罗伯特　$1.45\times1.45=2.1025$，还比2大。

萨　沙　取1.41。

罗伯特　遗憾
　　　　$1.41\times1.41=1.9881$
比2小。

萨　沙　这回取 $a=1.411$ 吧！

罗伯特　算算看。

$1.411\times1.411=1.990921$

可惜，还不等于2，但越来越接近2啦！

米丽娅　还是一鼓作气做下去吧！取1.415怎么样？

罗伯特　慢慢算吧！

$1.415\times1.415=2.200225$

还是不等于2。已经找了这么多数，二次方后都不等于2。

萨　沙　又比2大了，好，这回取 $a=1.414$。

罗伯特　二次方后为 1.999396，还不是2。

（这样，大家选取的数的平方逐渐接近2，还是没有找到平方后等于2的那个数。）

米丽娅　找不着了，我们认输吧！

萨　沙　没有二次方等于2这个数吧！

罗伯特　小黑怪说的那个数，一定是我们还不知道的数。

数学世界探险记

无理数

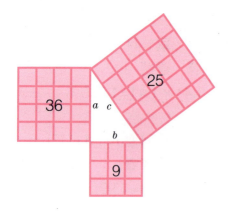

开心博士 大家一直认真地寻找着二次方等于2的数。用电子计算机求这个数，也不能把它确切地求出来。

大约在公元前6世纪，大数学家毕达哥拉斯的弟子们，也像你们今天这样研究着二次方等于2的数。他们知道这是个既不是整数又不是分数的数。对此，他们感到很惊讶!

告诉你们一个毕达哥拉斯定理吧! 这个定理说，立在直角三角形两直角边上的正方形的面积之和与立在斜边上的正方形的面积相等。请看左图，用字母可以表示为 $a^2+b^2=c^2$。

这个关系如果用3个正数表示的话，那么就有

$3^2+4^2=5^2$，$5^2+12^2=13^2$，……

在这个定理中，如果考虑的是两个直角边都是1的直角三角形，那么就有 $1^2+1^2=c^2=2$。

这里的 c 就是二次方等于2的数。把这个数叫做2的平方根，记作 $\sqrt{2}$，读作根号2。如果计算这个数，就像你们所做的那样，$\sqrt{2}=1.414\,213\,56\cdots$是个近似值。

$$1^2+1^2=c^2=2$$

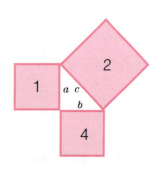

$$\left.\begin{array}{r}a^2+b^2=c^2 \\ 4\times4+3\times3=5\times5 \\ 16+9=25\end{array}\right\} c=\sqrt{25}=5$$

$$\left.\begin{array}{r}a^2+b^2=c^2 \\ 1+1=2\end{array}\right\} c=\sqrt{2}$$

　　开心博士　你们刚才学会了循环小数，循环小数是无限继续的具有一定的数字反复出现的小数同样也是无限续继下去的小数。$\sqrt{2}$但没有一定的数字反复出现。像这样的无限不循环小数叫做无理数。循环小数可以化为分数，有限小数也能化为分数。我们把整数、分数都叫做有理数。

　　萨　沙　把不能表示成分数的数叫做无理数可以吗？

　　开心博士　哈哈，这样理解很好嘛！

　　萨　沙　啊，原来小黑怪是用无理数向我们挑衅呢！

　　（小黑怪正在认真地做乘法。）

　　小黑怪　1.414 213 5×1.414 213 5＝

　　萨　沙　小黑怪，你可不要使坏心眼啊！

　　开心博士　大家要理解小黑怪，多发现它的长处。它有时粗暴，有对不起朋友的地方，可是它实在太孤单。你们不是常常听到它说"这是为什么"吗？这说明小黑怪很善于思考。

　　（开心博士的话打动了每个人的心，大家都默不作声了。）

　　米丽娅　喂，小黑怪，我们是朋友。

　　小黑怪　朋友？

　　（米丽娅伸出手，小黑怪羞答答地，显得扭扭捏捏。）

　　罗伯特　不要那样，我们是朋友嘛！

圆周率也是无理数

胖噜噜 以前学过的 π 不也是无理数吗？我有一张写着 π 的值的纸。(呆在大块头衣服口袋里的胖噜噜拿出一张纸，然后用望远镜一个一个地依次看着数字。)

胖噜噜 π 的值无论写到小数点后多少位也没有终止，也不出现重复数字。

米丽娅 因为 π 不是循环小数，是个无理数。

3.14159 26535 89793 23846 26433 83279 50288 41971 69399 37510 58209 74944 59230 78164 06286 20899 86280 34825 34211 70679 82148 08651 32823 06647 09384 46095 50582 23172 53594 08128 48111 74502 84102 70193 85211 05559 64462 29489 54930 38196 44288 10975 66593 34461 28475 64823 37867 83165 27120 19091 45648 56692 34603 48610 45432 66482 13393 60726 02491 41273 72458 70066 06315 58817 48815

20920 96282 92540 91715 36436 78925 90360 01133 05305 48820 46652 13841 46951 94151 16094 33057 27036 57595 91953 09218 61173 81932 61179 31051 18548 07446 23799 62749 56735 18857 52724 89122 79381 83011 94912 98336 73362 44065 66430 86021 39494 63952 24737 19070 21798 60943 70277 05392 17176 29317 67523 84674 81846 76694 05132 00056 81271 45263 56082 77857 71342 75778 96091 73637 17872

14684 40901 22495 34301 46549 58537 10507 92279 68925 89235 42019 95611 21290 21960 86403 44181 59813 62977 47713 09960 51870 72113 49999 99837 29780 49951 05973 17328 16096 31859 50244 59455 34690 83026 42522 30825 33446 85035 26193 11881 71010 00313 78387 52886 58753 32083 81420 61717 76691 47303 59825 34904 28755 46873 11595 62863 88235 37875 93751 95778 18577 80532 17122 68066 13001

92787 66111 95909 21642 01989 38095 25720 10654 85863 27886 59361 53381 82796 82303 01952 03530 18529 68995 77362 25994 13891 24972 17752 83479 13151 55748 57242 45415 06959 50829 53311 68617 27855 88907 50983 81754 63746 49393 19255 06040 09277 01671 13900 98488 24012 85836 16035 63707 66010 47101 81942 95559 61989 46767 83744 94482 55379 77472 68471 04047 53464 62080 46684 25906 94912

(嘟嘟睁开眼睛,一边看着一排一排的数,一边说。)

嘟　嘟　这个数始终没有完结,它是介于3和4之间的一个数。

喜　鹊　即使用电子计算机求到小数点后10万位也没终结,还能继续求下去。

```
93313 67702 89891 52104 75216 20569 66024 05803 81501 93511 25338 24300 35587
64024 74964 73263 91419 92726 04269 92279 67823 54781 63600 93417 21641 21992
45863 15030 28618 29745 55706 74983 85054 94588 58692 69956 90927 21079 75093
02955 32116 53449 87202 75596 02364 80665 49911 98818 34797 75356 63698 07426
54252 78625 51818 41757 46728 90977 77279 38000 81647 06001 61452 49192 17321

72147 72350 14144 19735 68548 16136 11573 52552 13347 57418 49468 43852 33239
07394 14333 45477 62416 86251 89835 69485 56209 92192 22184 27255 02542 56887
67179 04946 01653 46680 49886 27232 79178 60857 84383 82796 79766 81454 10095
38837 86360 95068 00642 25125 20511 73929 84896 08412 84886 26945 60424 19652
85022 21066 11863 06744 27862 20391 94945 04712 37137 86960 95636 43719 17287

46776 46575 73962 41389 08658 32645 99581 33904 78027 59009 94657 64078 95126
94683 98352 59570 98258 22620 52248 94077 26719 47826 84826 01476 99090 26401
36394 43745 53050 68203 49625 24517 49399 65143 14298 09190 65925 09372 21696
46151 57098 58387 41059 78859 59772 97549 89301 61753 92846 81382 68683 86894
27741 55991 85592 52459 53959 43104 99725 24680 84598 72736 44695 84865 38367

36222 62609 91246 08051 24388 43904 51244 13654 97627 80797 71569 14359 97700
12961 60894 41694 86855 58484 06353 42207 22258 28488 64815 84560 28506 01684
27394 52267 46767 88952 52138 52254 99546 66727 82398 64565 96116 35488 62305
77456 49803 55936 34568 17432 41125 15076 06947 94510 96596 09402 52288 79710
89314 56691 36867 22874 89405 60101 50330 86179 28680 92087 47609 17824 93858
```

数学世界探险记

数的王国的博物馆

喜 鹊 喂!听说有博物馆,大家不去看看吗?

(消息灵通的喜鹊得知数的王国有博物馆,马上把这个消息告诉了大家。)

(在博物馆的入口处,有一张表示加法的奇怪的画。)

米丽娅 应该等于多少?

萨 沙 这是些什么数字呢?

古代埃及的数字

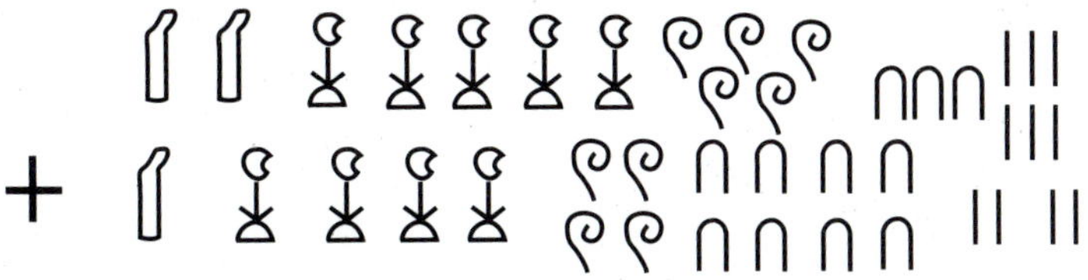

开心博士　这是距今大约4 500年前的古代埃及的数字。古埃及是在古代最早、最完整地使用10进法的国家。

罗伯特　那么，这个奇怪的画上的加法，应该按10进法计算啰。

开心博士　还是看看古埃及人所使用的数字吧！古埃及人用棒表示从1到9这9个数字。

| 1 | 2 | 3 | 4 | 5 | 6 | 7 | 8 | 9 |

而10，100，…，1 000 000依次写成：

| 10 | 100 | 1 000 | 10 000 | 100 000 | 1 000 000 | 10 000 000 |

萨沙　真是奇怪的数字！

开心博士　仔细一看，原来10是用马掌，100是用测量的绳，1 000是用莲花，10 000是用手指，100 000是用蝌蚪，1 000 000是用神象，10 000 000是用太阳来表示的。

米丽娅　看来，这些数字的表示法都是与日常生活有着密切关系的。

罗伯特　那么，上面那道题，就是要计算

　　25 536
　+14 884

萨沙　答案是40 020。如果用古埃及的数字来表示，就应该写作⫛⫛⫛⫛⫛∩∩。

数学世界探险记

记在黏土上的数字

（刚一走进博物馆的大门，就看到一块黏土板。）

开心博士　这里记载着古代巴比伦的数字。古埃及人用纸草茎干燥后制成的纸来写字，而巴比伦人为了留下各种记录，使用的都是黏土板。

萨　沙　不能在黏土板上写太复杂的字吧！

开心博士　因为只能用刮刀往黏土上刻字，刻起来很不容易。所以，就产生了适合刀刻特点的这种数字。▼是1。灵活地使用这个楔形，就得到各种数字。如横着的楔形◄是10，一竖一横的楔形▼►是100。因为1 000=10×100，所以用楔形表示就是◄▼►。好，请大家用巴比伦的数字写出1 243吧。

米丽娅　这样写行不?

萨　沙　对。看来，如果让你到古巴比伦去的话，用这种数字进行计算也没问题。

开心博士　这种数字和埃及数字相比，有两点进步。

第一，在数字的排列方面有明显的定位方法。虽然埃及人好像也知道数的定位方法，但是在数字排列上却杂乱无章。如

∩∩∩ ‖ 𐋡𐋡𐋡𐋡 ℘℘℘℘℘

14532

第二，巴比伦人的数字把1 000表示为10×100，用他们的数字来写就是◁▼▷。1 000以上的数，比如10×10×1 000就可写成◁◁◁▼。这样一来，再大的数也能表示。

罗伯特　用刮刀雕刻数字是多么不方便啊！应该尽量想办法来简化数字的写法。

萨　沙　是这样。数字应尽量简单，并且还要用它能够表示各种大数。

开心博士　用较少的数字来组成大数，这实在是件大事。这是简化写法的关键。在埃及和巴比伦之后，又产生了印度的数字。

数字的历史很悠久

开心博士　看看下面这张表吧！这是从古印度起到现代数字的发展图表。

萨　沙　勉强能认识的好像是阿拉伯的数字。

罗伯特　21世纪将要使用的数字是什么样呢？

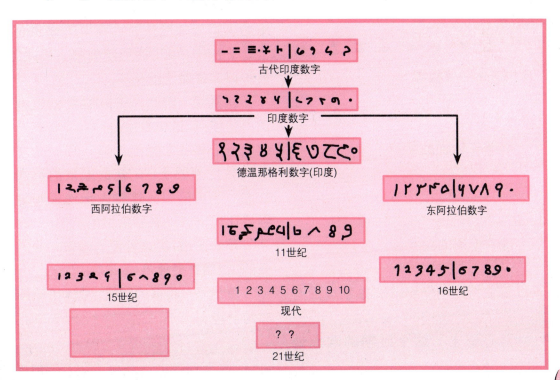

0曾被认为是魔法的标志

  罗伯特 在前一页的数字发展图表中，9后面的数字是10或0。可是，0不是没有吗？

  开心博士 你再看看下面几种数字。

9世纪印度数字

10世纪欧洲数字

1 2 3 4 5 6 7 8 9 0
现在使用的数字

  罗伯特 10世纪欧洲数字里没有0。

  开心博士 这个时期的欧洲处于中世时期。当时人们对传染病的漫延流传着迷信的说法，什么妖女审判啦，妖女制裁啦，等等。在这个时期，印度数字传入了欧洲。人们对0很讨厌和惧怕。这是因为妖女指使妖魔给人们施加魔法时，在人的周围画上〇。由于〇和0的形状相同，因此0就被以为是魔法的标志。

  米丽娅 因此，在10世纪的欧洲还不曾使用0这个数字。

  开心博士 我们知道，在一个非零的数后面添上0，就是原来的数的10倍、100倍……这种表示法在那时候是让人十分讨厌和害怕的。

  萨 沙 讨厌这种使用起来十分方便的0，简直是傻瓜。

  罗伯特 我小的时候，就对0感到非常奇怪。

由于发现了0，数学进步了

印度数字	5 0 3 6
中国数字	五千三十六
希腊数字	ΧΧΧΧΧ ΔΔΔ ΓΙ
埃及数字	⫯⫯⫯ ∩∩∩

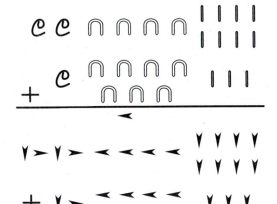

$$\begin{array}{r} 2\ 4\ 8 \\ +\ 1\ 7\ 3 \\ \hline \end{array}$$

开心博士　把5 036用各国数字表示一下吧！

萨　沙　还是印度数字最简便。

开心博士　5 036是由1，10，100，1 000这几个数字经过聚集而成的，一目了然。其他各国的数字没有百位上的数字。印度数字之所以能够用很有限的数字正确地表示所有的数，就是因为发现并使用了0。

米丽娅　我们使用的数字和印度数字一样，怎么叫阿拉伯数字呢？

开心博士　从前，阿拉伯商人频繁地来往于亚洲和欧洲之间。在交易中，他们学会了使用印度数字，并把它传入了欧洲。后来，我们也采用了这种数字。就这样，把起源于印度的数字称为阿拉伯数字了。

动物会数数吗?

(听到喜鹊安德列羽毛的吧嗒吧嗒声,知道它来了。)

喜　鹊　隔壁的房间里演电影呢,快去看吧!

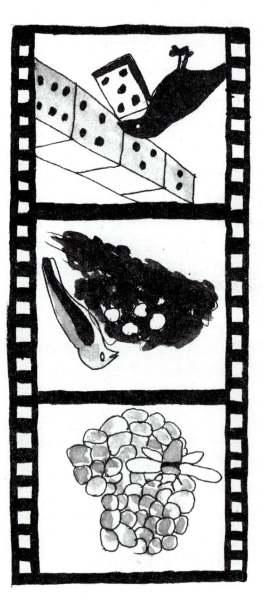

(电影首先演的是蜜蜂。蜂妈妈每次绝对准确地给它的孩子们喂两样东西。蜜蜂会数数吗?

接下来,电影演的是杜鹃。杜鹃妈妈自己不会孵蛋,它偷偷地在黄莺的巢里产蛋,然后把和自己产的蛋同样数目的黄莺蛋从巢里弄出去。)

米丽娅　哎呀!太狡猾了!

(再接下来,电影演的是乌鸦。在乌鸦面前摆着五个箱子。箱子像骰子那样分别画着2个点,3个点……6个点。)

解　说　在箱子的前面还放着画有不同点数的盖子。乌鸦能选择出和箱子具有相同点数的盖子。即使把五个箱子的排列顺序做各种各样的变化,乌鸦也能准确地识别出与箱子的点数相同的盖子。

开心博士　乌鸦会数数吗?

萨　沙　就这几种动物来看,不能说它们不识数。

喜　鹊　我虽然是喜鹊,但我识数吧!

开心博士　哈哈,安德列特殊,安德列是天才嘛!

酋长给战士分树叶

（电影的画面上，出现了古时候未开化的部落的人们外出作战前的情景。出战前，出征战士排成一排，酋长给每个战士发一片树叶，然后又把这些树叶收集起来。）

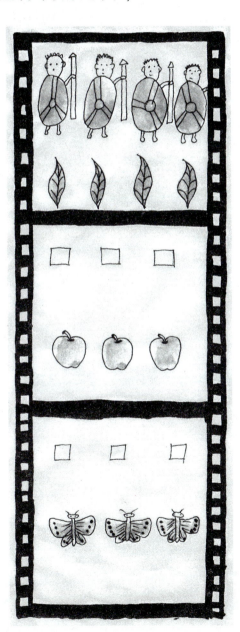

罗伯特　战斗结束后，归来的战士再站成一排，酋长把收起来的树叶每人一片地发给战士。这样就知道战死的人数了。这是因为剩下的树叶的数目和战死的人数相等。

开心博士　这就叫做一一对应。看到苹果和蝴蝶的画面了吧！三块瓷砖和三个苹果成一一对应。这三块瓷砖也和三只蝴蝶成一一对应。因为三块瓷砖和三个苹果、三只蝴蝶分别成一一对应。所以三个苹果和三只蝴蝶成一一对应。成一一对应的两种东西的数目相等，这是对数的第一点认识。

第二点认识是："无论以怎样的顺序数数，数都不变。"例如，8块小石头，无论从左边数，还是从右边数，结果都一样。也许你们说，这是理所当然的，可是对动物来说，它们就认识不到这一点。

第三点认识是："无论分开数，还是合起来数，数都不变。"例如，把15个橘子，装在两个盘子里，一个盘子装7个，另一个盘子装8个。合起来数也好，分开数也好，橘子的数目没有变。这是数的不变性。

数学世界探险记

在数的大河里游泳

（大家在博物馆里知道了各种各样的数字。一走出博物馆，馆外阳光明媚，十分明亮。眼前有一条清澈透底的大河在流淌着。）

萨 沙　罗伯特，游泳吧!
罗伯特　好啊!
胖噜噜　我陪同!
大块头　我也跳进去游泳。
小黑怪　喂，大块头，我不会游，你拉着我游吧!
咕　咕　我只会狗刨。

（河岸上到处都立着牌子，上面分别写着自然数、负数、无理数……）

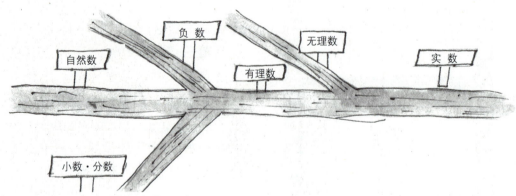

（喜鹊从空中看着大家。）

喜　鹊　看得很清楚。自然数的主流从对面流淌过来，先是"小数·分数"和"负数"两条河加入主流。三条河汇在一起，形成了相当大的"有理数"的河；接着又流进一条"无理数"的河，于是就汇集成这条宽阔的"实数"大河。

告 别

从数的王国启程回家的日子到了。

罗伯特　我给学校的同学们带回去许多有趣的数的游戏的礼物。

萨　沙　大家一定会愉快地接受。

(数的魔术师们一直把大家送到洞口。)

数的魔术师　你们要常常想着我们在一起的日日夜夜，常常回忆关于数的各种有趣的计算。好，再见吧!

米丽娅　谢谢你们!

小黑怪　你们是我的意想不到的伙伴。分别后，我会感到寂寞的。

数的魔术师们向探险队挥手。

已经成为探险队伙伴的小黑怪，从黑色的眼睛里流出了泪，那泪里也许夹杂着高兴吧!

增加了一个成员的探险队，下一次将做怎样的探险呢?

自然数(第12~25页)

<第19页>

1. 15→1111, 12→1100, 34→100010, 27→11011, 113→1110001, 9→1001, 81→1010001, 68→1000100。

2. 1111→15, 1010→10, 1000→8, 1111001→121, 110011→51, 101010→42, 10000000→128, 10011100→156, 100011→35。

<第21页>

1. ①100011, 7×5=35,
   ②1101110, 1×10=110,
   ③1011011100, 12×61=732,
   ④10011101100, 42×30=1260。

2. ①11×111=10101 ②101×110=11110,
   ③1000×10=10000 ④1001×1=1001,
   ⑤100×0=0 ⑥0×0=0

3. ①101, 15÷3=5
   ②101, 10÷2=5
   ③10100余10, 102÷5=20余2
   ④111, 63÷9=7

4. ①1100÷11=100 ②10010÷110=11,
   ③11001÷101=101 ④1001÷1=1001
   ⑤11000÷10=1100
   ⑥10101÷100=101余1

<第24页>

1. 324→400, 801→1080, 2936→4022, 999→1330

2. 2进法1010100110 3进法221010
   4进法22212 5进法10203
   7进法1656

<第25页>

1. ①15, 30, 94, 944
   ②61, 77, 641, 1480
   ③11, 13, 57, 99
   ④22, 15, 38, 566
   ⑤7, 3, 19, 33

2. 105个

3. ①1 168 ②566

正数、负数(第26~57页)

<第31页>

1. 正4 负6 正0.3 负$\frac{2}{3}$ 正50

2. 略

<第32页>

1. 3, 2, 1.3, 18, $\frac{2}{3}$

2. −4, +7, +0.3, −1.2, −0.1

<第33页>

1. +5>+1   −100<−10   0.1>0
   0.2>−5   −10<+5   −0.1>−1

2. −2<0.1   −0.08>−0.1
   $-4\frac{1}{2}$>−5 $-1<-\frac{1}{1000}$

<第38页>

1. (+2)+(+3)=+5

    (-4)+(-5)=-9

    (-4)+(+1)=-3

    (+3)+(-2)+(+5)=+6

    (-5)+(+4)+(0)=-1

2. 萨 沙 (+5)+(-4)+(-4)+(-3)+(-2)=-8

    罗伯特 (+2)+(+4)+(-5)+(+1)+(0)+(0)=+2

    大块头 (+5)+(+4)+(+1)+(-1)+(+3)+(+3)+(0)=+15

    米丽娅 (0)+(-5)+(-3)+(-2)+(-1)+(+2)=-9

    所以，大块头第一。

<第39页>

3. 略

<第40页>

4. ①+5 ②-7 ③+9 ④-10

    ⑤+8 ⑥-6 ⑦+12 ⑧-13

    ⑨+21 ⑩-14

5. ①+2 ②+1 ③-2 ④-2

    ⑤0 ⑥0 ⑦0 ⑧-3

    ⑨+5 ⑩+1

6. ①+4 ②+8 ③+6 ④+5

    ⑤-26 ⑥+9 ⑦+5 ⑧+12

    ⑨-8 ⑩-15 ⑪0 ⑫+10

7. ①(+3)+(-8)+(+4)=-1

    ②(-7)+(+2)+(-3)=-8

    ③(-9)+(-7)+(-8)=-24

④(-5)+(-3)+(+4)+(+2)+(-1)+0=-3

⑤(0)+(+1)+(+2)+(-1)+(-2)=0

⑥(-10)+(-8)+(-6)+(-4)+(+3)+(+2)+(+1)=-22

⑦(+23)+(+18)+(-16)+(-27)=-2

⑧(-126)+(-273)+(+369)=-30

⑨(+600)+(-780)+(-8)+0=-188

<第48页>

1. ①-10 ②-10 ③+21 ④+32 ⑤+$\frac{4}{15}$

    ⑥-3 ⑦+8 ⑧-$\frac{2}{3}$

2. ①0 ②0 ③0 ④0

<第52页>

1. +$\frac{7}{4}$, -$\frac{3}{5}$, -7, +$\frac{1}{10}$, -$\frac{1}{3}$, -1

2. ①+$\frac{3}{14}$ ②+$\frac{4}{9}$ ③-$\frac{2}{3}$ ④+$\frac{5}{7}$,

    ⑤-1$\frac{1}{3}$ ⑥-$\frac{7}{15}$ ⑦+6 ⑧-6

    ⑨+$\frac{1}{3}$

<第53页>

1. ①+$\frac{1}{6}$ ②-$\frac{1}{9}$ ③$\frac{7}{10}$ ④0

2. ①-6 ②-7 ③-8 ④+$\frac{61}{63}$

    ⑤+2$\frac{5}{6}$

<第55页>

1. ①$x=-2$ ②$x=-\frac{4}{5}$ ③$x=\frac{1}{4}$

    ④$x=\frac{1}{3}$ ⑤$x=\frac{16}{3}$ ⑥$x=-2$

⑦$x=-\frac{7}{5}$ ⑧$x=\frac{7}{5}$ ⑨$x=3\frac{4}{3}$

⑩$x=-10$ ⑪$x=9$ ⑫$x=-\frac{28}{3}$

⑬$x=-8$ ⑭$x=3\frac{10}{13}$ ⑮$x=-8$

⑯$x=7\frac{43}{51}$

2.
① $\begin{cases}x=-3\\y=-2\end{cases}$ ② $\begin{cases}x=2\\y=-1\end{cases}$ ③ $\begin{cases}x=-3\\y=1\end{cases}$

④ $\begin{cases}x=-1\\y=2\end{cases}$ ⑤ $\begin{cases}x=3\\y=-2\end{cases}$

约数和倍数(第58~65页)

<第64页>

1. ①2, 1 ②3, 1 ③6, 3, 2, 1
   ④12, 6, 4, 3, 2, 1 ⑤1
   ⑥36, 18, 12, 9, 6, 4, 3, 2, 1

2. ①(72, 36)=36 ②(64, 96)=32
   ③(65, 91)=13 ④(23, 125)=1
   ⑤(92, 132)=4 ⑥(124, 674)=2

3. ①(8, 6, 12)=2 ②(15, 30, 45)=15
   ③(24, 18, 36)=6 ④(30, 48, 66)=6

4. ①40, 80, 120 ②56, 112, 168
   ③66, 132, 198 ④45, 90, 135

5. ①[10, 12]=60 ②[16, 28]=112
   ③[6, 14]=42 ④[9, 21]=63
   ⑤[15, 50]=150 ⑥[68, 72]=1224
   ⑦[77, 21]=231 ⑧[16, 76]=304

质数(第66~80页)

<第75页>

101, 103, 107, 109, 113, 127,
131, 137, 139, 149, 151, 157,
163, 167, 173, 179, 181, 191,
193, 197, 199, 307, 311, 313,
317, 331, 337, 347, 349, 353,
359, 367, 373, 379, 383, 389,
397

<第77页>

1. ①$3^5$ ②$5^3$ ③$7^4$ ④$10^4$

2. $2^3=8$ $4^5=1\,024$ $6^2=36$
   $7^4=2\,401$ $2^2\times 3^2=36$ $3\times 5^3=375$
   $0\times 10^2=0$ $1\times 7^3=343$ $4^3\times 8^2=4\,096$

3. $16=2^4$ $18=2\times 3^2$ $81=3^4$
   $625=5^4$ $32=2^5$ $64=2^6$
   $72=2^3\times 3^2$ $125=5^3$
   $360=2^3\times 3^2\times 5$ $323=7^3$

<第80页>

1. ①(24, 36)=12 ②(60, 84)=12
   ③(36, 72)=36 ④(40, 60)=20
   ⑤(45, 27)=9 ⑥(70, 84)=14
   ⑦(15, 90)=15 ⑧(50, 30)=10
   ⑨(10, 50, 40)=10
   ⑩(12, 14, 15)=1
   ⑪(45, 50, 70)=5
   ⑫(49, 28, 35)=7

2. ①[4, 6]=12 ②[8, 18]=72
   ③[20, 80]=80 ④[28, 49]=196
   ⑤[27, 28, 30]=3 780
   ⑥[12, 18, 24]=72
   ⑦[6, 9, 18]=18
   ⑧[45, 50, 70]=3 150

去年的今天是星期几?(第81~93页)

<第88页>

1. ①星期五 ②星期三 ③星期一

④星期三　⑤星期一

2. ①星期五　②星期三　③星期一

④星期四　⑤星期四　⑥星期日

⑦星期二

3. A素烧牛肉　B带馅面包　C中国面汤

D带馅面包　E素烧牛肉　F油炸荞面面条

<第93页>

1. ①整除　②不整除 余6　③不整除 余8

④整除　⑤不整除 余3　⑥不整除 余7

⑦整除　⑧整除

2. ①正确　②正确　③错　④错　⑤错

⑥正确　⑦正确　⑧错　⑨错　⑩正确

⑪正确

3. 7④88　1④094，　59⑧29

5⑥214，　88⑧7112，

9999999①8，　1234④44321

小数和分数(第94~105页)

<第96页>

$\frac{3}{7}=0.\dot{4}2857\dot{1}$　$\frac{4}{7}=0.\dot{5}7142\dot{8}$

$\frac{5}{7}=0.\dot{7}1428\dot{5}$　$\frac{6}{7}=0.\dot{8}5714\dot{2}$

$\frac{22}{7}=3.\dot{1}4285\dot{7}$　$\frac{1}{9}=0.\dot{1}$　$\frac{2}{9}=0.\dot{2}$

$\frac{4}{9}=0.\dot{4}$　$\frac{5}{9}=0.\dot{5}$　$\frac{7}{9}=0.\dot{7}$　$\frac{1}{4}=0.25$

$\frac{3}{4}=0.75$　$\frac{5}{4}=1.25$　$\frac{7}{4}=1.75$　$\frac{9}{4}=2.25$

$\frac{1}{6}=0.1\dot{6}$　$\frac{5}{6}=0.8\dot{3}$　$\frac{7}{6}=1.1\dot{6}$　$\frac{13}{6}=2.1\dot{6}$

$\frac{11}{6}=1.8\dot{3}$　$\frac{4}{3}=1.\dot{3}$　$\frac{5}{3}=1.\dot{6}$　$\frac{7}{3}=2.\dot{3}$

$\frac{8}{3}=2.\dot{6}$　$\frac{10}{3}=3.\dot{3}$　$\frac{1}{10}=0.1$　$\frac{1}{11}=0.\dot{0}\dot{9}$

$\frac{1}{12}=0.08\dot{3}$　$\frac{1}{13}=0.\dot{0}7692\dot{3}$

$\frac{1}{14}=0.0\dot{7}1428\dot{5}$　$\frac{1}{15}=0.0\dot{6}$　$\frac{1}{16}=0.0625$

$\frac{1}{17}=0.\dot{0}588235294117647\dot{7}$　$\frac{1}{18}=0.0\dot{5}$

$\frac{1}{19}=0.\dot{0}52631578947368421\dot{1}$　$\frac{3}{25}=0.12$

$\frac{3}{32}=0.09375$　$\frac{10}{99}=0.\dot{1}\dot{0}$　$\frac{1}{100}=0.01$

$\frac{9}{64}=0.140625$

$\frac{41}{43}=0.953\,488\,372\,093\,023\,255\,813$

$\frac{7}{60}=0.11\dot{6}$　$\frac{22}{9}=2.\dot{4}$

$\frac{355}{113}=3.\dot{1}41592920353982300884955752212$
$38938053097345132743362831858407079$
$64601759911504424777876106194690$
$26548672566371\dot{6}8$　$\frac{22}{5}=4.4$

$\frac{101}{103}=0.\dot{9}80\,582\,524\,271\,844\,660\,194\,174\,757\,281$
5533　$\frac{11}{70}=0.15\dot{7}142\dot{8}$　$\frac{19}{81}=0.\dot{2}3456790\dot{1}$

$\frac{1}{1\,000}=0.001$　$\frac{100}{19}=5.\dot{2}63\,157\,894\,\dot{7}$

<第99页>

1. ①$\frac{7}{10}$　②$\frac{3}{20}$　③$1\frac{1}{50}$　④$\frac{1}{125}$　⑤$2\frac{3}{10}$

⑥$4\frac{9}{100}$　⑦$3\frac{3}{250}$　⑧$13\frac{19}{50}$　⑨$10\frac{1}{500}$

⑩$9\frac{4\,999}{5\,000}$　⑪$136\frac{1}{10}$　⑫0.75

⑬$6.\dot{1}4285\dot{7}$　⑭0.875　⑮$0.\dot{6}$

⑯$1.\dot{2}8571\dot{4}$　⑰$0.7\dot{0}588235294117\dot{6}4$

⑱$0.0\dot{1}298\dot{7}$

2. ①$\frac{1}{9}$　②$\frac{53}{300}$　③$\frac{5}{9}$　④$\frac{11}{6}$

⑤$\frac{24\,682}{99\,999}$　⑥$\frac{6}{11}$　⑦$\frac{218}{333}$　⑧$\frac{100}{111}$

119